Jörn Leonhard und
Ulrike von Hirschhausen

Empires und Nationalstaaten

im 19. Jahrhundert

2. Auflage

Vandenhoeck & Ruprecht

Umschlagabbildung:
Raumerschließung und Mobilität – Die Eisenbahn als imperiale
Infrastruktur: Die Fotographie zeigt eine Baustelle auf der Uganda Railway
um 1900. Über 32.000 indische Arbeiter waren am Bau dieser Linie
beteiligt, die nach Mombasa führte und für die Erschließung der
afrikanischen Räume des Britischen Empires von großer Bedeutung war.
(Foto:»Incline on the Kikuyu Escarpment at Mile 363 and a half«,
Fotograf: William D. Young © National Archives, Kew Richmond, UK)

Mit 4 Abbildungen

Bibliografische Information der Deutschen Nationalbibliothek

Die Deutsche Nationalbibliothek verzeichnet diese Publikation in der
Deutschen Nationalbibliografie; detaillierte bibliografische Daten sind
im Internet über http://dnb.d-nb.de abrufbar.

ISBN 978-3-525-32300-7
ISBN 978-3-647-32300-8 (E-Book)

© 2011, 2009 Vandenhoeck & Ruprecht GmbH & Co. KG, Göttingen
Vandenhoeck & Ruprecht LLC, Oakville, CT, U.S.A.
www.v-r.de

Inhalt

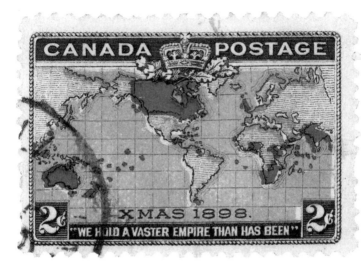

Das Empire zu Weihnachten: Auf der Basis der berühmten, 1893 von George R. Parkin entworfenen *British Empire Map of the World on Mercator's Projection* mit ihrem charakteristischen »Imperial Red« für die britischen Besitzungen entstand diese erste Weihnachtsbriefmarke der Kanadischen Post 1898. Daher bildete in dieser Miniaturkarte auch Kanada das Zentrum des Empires. Das Motto stammte aus einem populären Gedicht von Sir Lewis Morris von 1887.

1. Einleitung: Die multiethnischen Empires und das Modell des Nationalstaats im 19. Jahrhundert

Europäische Geschichte ist mehr als die Summe europäischer Nationalgeschichten. Dennoch wurden gerade die multiethnischen Großreiche Europas lange Zeit im Zeichen ihres scheinbar unvermeidlichen Niedergangs beschrieben und gedeutet. Der einseitige Blick auf den Untergang der kontinentalen Großreiche im Ersten Weltkrieg verstärkte die Ansicht, dass sich im Zuge eines umfassenden Modernisierungsprozesses überkommene religiöse, ethnische, dynastische oder regionale Bindungen notwendig aufgelöst hätten. An ihre Stelle seien Nationen und Nationalstaaten getreten, deren vermeintlicher Homogenität die heterogenen Großreiche langfristig unterlegen gewesen seien. Eine solche Verengung auf die Strukturbedingungen des Nationalstaates und seine Verklärung zur Norm europäischer Fortschrittsgeschichte erscheinen heute problematisch. Mit der nachlassenden Wirkung nationalstaatlicher Wirkungsmacht und den Erfahrungen von supranationaler Integration treten Fragen nach den historischen Alternativen zum Nationalstaat stärker denn je in unser Bewusstsein. Diese Probleme bündeln sich in der Geschichte der europäischen Großreiche des 19. und frühen 20. Jahrhunderts. Eine Geschichte dieser Großreiche – neben dem Britischen Empire die Habsburgermonarchie, das russische Zarenreich sowie das Osmanische Reich – lässt sich weder auf die Entwicklung imperialer Hegemonialansprüche noch auf ökonomische Imperialismustheorien reduzieren. In ihrer Komplexität prägten Empires die Geschichte Europas und der außereuropäischen Welt langfristiger und tiefer als es die vergleichsweise späte Erfindung des Nationalstaates und seine

Dominanz in den europäischen Historiographien bis heute suggeriert.[1]

Empires waren gekennzeichnet durch räumliche Größe, ethnische und religiöse Vielfalt, supranationale Herrschaft, eine Vielzahl heterogener Gebiete mit unterschiedlichem Rechtstatus als Folge historischer Expansion und Anlagerung, durch unterschiedliche Abhängigkeitsverhältnisse dieser Gebiete zwischen Zentrum und Peripherie sowie schließlich durch weiche Grenzen und fluktuierende Grenzräume. Empires grenzten sich tendenziell durch bewegliche *frontiers*, nicht durch fixierbare *boundaries* und *borders* ab.[2]

Als Kompositstaaten entstanden,[3] gründete sich ihre Legitimität nicht auf der Zugehörigkeit ihrer Untertanen zu einer ethnisch definierten Gruppe, sondern basierte in erster Linie auf dynastischen Grundlagen, die durch religiös-konfessionelle Bezüge verstärkt wurden. Dabei traf die suggestive Vorstellung der Empires als »Völkergefängnisse«, in denen unterdrückte Nationen von autoritären Mächten geknebelt würden, auf die komplexe Wirklichkeit vor 1914 nicht mehr zu, sondern war in erster Linie ein Konstrukt der Kriegspropaganda im Ersten Weltkrieg.[4]

Auf die Frage nach seinem Vaterland antwortete der österreichische Schriftsteller Ödön von Horváth zu Beginn des Jahrhunderts: »Ich bin in Fiume geboren, in Belgrad, Budapest, Pressburg, Wien und München aufgewachsen und habe einen ungarischen Pass; aber ich habe kein Vaterland. Ich bin eine typische Mischung des alten Österreich-Ungarn: Magyare, Kroate, Deutscher und Tscheche zugleich; mein Land ist Ungarn, meine Muttersprache Deutsch.«[5] Horváths Äußerung verwies auf ein situatives und hybrides Selbstbild, das sich der Eindeutigkeit nationaler Zuordnung entlang ethnischer Kategorien entzog. In je unterschiedlicher Weise waren die Gesellschaften der Empires von komplexen Gemengelagen, Überlappungen und situativen Selbstbildern charakterisiert. Im habsburgischen Czernowitz lebten um 1900 Ungarn, Ukrainer, Rumänen, Polen, Juden und Deutsche, in Riga Deutsche, Russen, Letten und Juden. Viele Angehörige der Hafenstadt Saloniki beherrschten sechs bis sieben verschiedene Sprachen, und die rund 70.000 jüdischen Bewohner hatten Griechen, Armenier, Türken, Albaner und Bulgaren als Nachbarn. Solche ethnisch gemischten Gesellschaften waren nie konfliktfreie Zonen, aber zu den für das 20. Jahrhundert so charakteristischen Gewaltkulturen trug erst die massenwirksame Verbreitung und Zuspitzung des nationalen Deutungsmusters zum Ideal des ethnisch homogenen Nationalstaats bei. Dieser erst forderte jene Deckungsgleichheit von Staat und Nation, die sich in der Wirklichkeit multiethnischer Räume zumal in Mittel-, Ostmittel- und Südosteuropa nicht umsetzen ließ.[6]

Angesichts der scheinbar unter Beweis gestellten Effizienz, der Leistungsfähigkeit und der Kriegstauglichkeit des Nationalstaats stellte sich für die Empires seit den 1870er Jahren immer drängender die Frage, wie man auf dieses Modell reagieren sollte. Die Vielfalt historisch gewachsener Räume, die fein austarierte Machtbalance zwischen Peripherie und Zentrum und die Realität von Ungleichheit trafen auf die Ansprüche des ethnisch homogenen Nationalstaates mit seinen klar definierten Grenzen und den Idealen von Rechtsgleichheit und politischer Teilhabe. Obgleich dieses Problem erst mit der Erfahrung des Ersten Weltkriegs und den Friedensverträgen nach 1918 eine ungeahnte Radikalisierung erfuhr, lagen seine Wurzeln im späten 19. Jahrhundert. Immer breitere gesellschaftliche Gruppen wandten sich dem Ideal einer Einheit von Staat und Nation zu, wodurch dynastische und konfessionelle Integrationsvorstellungen und damit die traditionellen Grundlagen staatlicher Souveränität in die Defensive gerieten. Die europäischen Revolutionen von 1848 offenbarten die neuartige Verbindung zwischen den Idealen konstitutioneller Reform, sozialer Partizipation und der Etablierung stabiler Nationalstaaten, so in Deutschland, Italien und Ungarn.[7] Auch der polnische Aufstand gegen die russische Herrschaft 1863 stand noch in diesem Zusammenhang. In Verbindung mit günstigen internationalen Konstellationen konnten so aus dem Osmanischen Reich die neuen Nationalstaaten Griechenland, Serbien und Bulgarien entstehen.[8] In seiner berühmten Turiner Antrittsvorlesung schrieb der italienische Rechtsgelehrte und spätere Außenminister Pasquale Mancini nach der Erfahrung der Revolution von 1848: »Ein Staat, in dem viele kräftige Nationalitäten zu einer Einheit gezwungen werden«, sei kein »politischer Körper«, sondern ein »lebensunfähiges Ungeheuer.«[9]

Wenn sich zwischen 1500 und 1900 in Europa die Zahl der Staaten von über 500 auf etwa 20 reduzierte, dann wurde in den Kriegen seit dem Ende des 18. Jahrhunderts der Nationalstaat als ein immer wichtigerer Akteur wahrgenommen und die Nation zum europäischen Leitbild stilisiert. Vor dem Hintergrund der italienischen und deutschen Nationalkriege zwischen 1848 und 1871 schien er mit seiner Mobilisierungskraft allein in der Lage, das Überleben der Nation in einer international zugespitzten Konkurrenzsituation sichern zu können.[10] Die multiethnischen Großreiche waren vor diesem Hintergrund gezwungen, sich mit dem neuartigen Modell des Nationalstaats auseinanderzusetzen. Im doppelten Ideal des rechtsgleichen Staatsbürgers und des Wehrpflichtigen schien allein dem Nationalstaat mit seinen bisher ungekannten Ressourcen und Mobilisierungskräften die Zukunft zu gehören.

Diese Vorstellung vieler Zeitgenossen unterstellte indes eine Dichotomie zwischen Empires und Nationalstaaten, die seit der zweiten Hälfte des 19. Jahrhunderts der komplexen Wirklichkeit immer weniger entsprach. Denn einerseits begannen die etablierten und neu entstandenen Nationalstaaten Elemente imperialer Herrschaft zu entwickeln. So bauten Großbritannien und Frankreich, aber auch Deutschland, Italien, Belgien und die Niederlande ihren maritimen Kolonialbesitz aus und suchten ihr symbolisches Kapital als Nationalstaat durch imperiale Herrschaftsexpansion zu vergrößern. Für das Deutsche Kaiserreich kam die reale und imaginierte Expansion in das östliche Europa hinzu.[11]

Im Übrigen galt für alle nationalstaatlichen Gesellschaften, dass es keine ethnisch homogenen Nationalstaaten gab. Allerdings war das Ausmaß multiethnisch bedingter Konflikte und Gewaltkulturen ein entscheidender Unterschied zwischen Westeuropa und dem östlichen und südöstlichen Europa. Der Unterschied lag vor allem in den Denkmustern, mit denen die Konflikte ausgetragen wurden: Bildete das soziale Kriterium der »Klasse« im Westen die entscheidende Konfliktlinie, so wurde im Osten langfristig »Nationalität« zur Abgrenzungs- und Konfliktkategorie, häufig in charakteristischer Überlappung von ethnischen, konfessionellen und sozialen Markierungen. Der West-Ost-Vergleich entfaltete sich als ein Wandel von »barricades into borders«.[12].

Das Gegenstück zu den imperialisierenden Nationalstaaten stellten die nationalisierenden Empires dar. Es war kein Zufall, dass eine mögliche Antwort der Empires in der intensiven Auseinandersetzung und selektiven Übertragung nationaler Deutungsmuster in den Erfahrungsraum der eigenen multiethnischen Gesellschaften bestand.[13] Das zeigte sich gegen Ende des 19. Jahrhunderts in der Entstehung imperialer Nationalismen, so in den Ansätzen einer Türkifizierung des Osmanischen Reiches, der Russifizierung der Peripherien des Zarenreichs oder der Magyarisierung in den ungarischen Teilen der Habsburgermonarchie. Auch das Konzept der *Britishness* stellte einen Versuch dar, freilich nur einen kulturellen, dem Britischen Empire einen gemeinsamen Deutungshorizont zu vermitteln.

Vor diesem Hintergrund soll der hier vorgelegte Vergleich die Auseinandersetzung der Empires mit dem Modell des Nationalstaates im 19. Jahrhundert genauer untersuchen und nach den besonderen Problemen der nationalisierenden Empires fragen. Anhand dreier konkreter Beispiele – der Monarchie, dem Zensus und der Wehrpflicht – untersucht er die Übernahme nationaler Modelle und erkundet, was ihre Umsetzung für die Gesellschaften der Empires bedeutete, wo Anspruch und Praxis auseinandertraten, und wie sich die Empires dadurch veränderten.

Neben den kontinentaleuropäischen Fällen der Habsburgermonarchie und des Russischen Zarenreichs werden das Osmanische Reich und das Britische Empire miteinbezogen. Diese Auswahl führt bewusst sehr unterschiedliche Ausprägungen von multiethnischen Großreichen in kontinentaler und maritimer Perspektive zusammen: Die Habsburgermonarchie gilt dabei als klassisches Beispiel eines Großreichs, das durch Eroberung und Anlagerung von Territorien mit unterschiedlichen Rechtsstatus entstand. Das Russische Reich, lange als Sonderfall eines Territorialimperiums gesehen, lässt sich heute durchaus in einem ähnlichen Kontext verorten wie überseeische Empires. Denn die neu eroberten Territorien im Süden, Norden und Osten wiesen durch Gebirge, Wüsten und Eis eine strukturell ebenso schwer zu überwindende Distanz vom imperialen Zentrum auf, als dies im Falle der maritimen Empires durch Ozeane gegeben war. Das Osmanische Reich konnte aufgrund seiner Lage an der Nahtstelle dreier Kontinente Expansionsmöglichkeiten nach Europa, Asien und Afrika nutzen. Aufgrund dieser Lage geriet es aber frühzeitig in die Gefahr einer Überdehnung, die es bald nach seiner maximalen Ausdehnung als gefährdet erscheinen ließ und ausländische Interventionen provozierte. Im Rahmen des Britischen Empires übernahm England seit dem 18. Jahrhundert die Tradition der *seaborn empires* Portugal und Holland. Seine Expansion basierte auf einem Netz von Hafenstädten, Faktoreien und Handelsstraßen. Dabei dominierten nicht staatliche Akteure, sondern zumeist privatrechtlich organisierte Handelskompanien. Die imperiale Macht und Expansion erwuchs hier in langfristiger Perspektive aus der Kontrolle über die Bewegung von Gütern, Menschen und Kapital.

Mit der Auswahl dieser vier Empires lassen sich unterschiedliche Herrschaftsformen und Traditionen im Umgang mit Multiethnizität vergleichen. Im britischen Fall handelte es sich um eine parlamentarische Monarchie, während für die Habsburgermonarchie der Übergang von der absoluten zur konstitutionellen Monarchie signifikant war. Mit Russland und dem Osmanischen Reich vor 1900 lagen unterschiedlich gelagerte Fälle autokratischer Herrschaftsformen vor. Darüber hinaus zeigten die vier Empires unterschiedliche Ausprägungen von religiöser und ethnischer Vielfalt, welche die Integrationschancen und Konfliktpotentiale der Empires in hohem Maße beeinflussten. In der Habsburgermonarchie waren nur 23 Prozent der Bevölkerung zugleich Mitglieder der politisch und kulturell führenden deutschen Nationalität, im Russischen Reich waren weniger als 50 Prozent der Bevölkerung ethnische Russen. Vor allem aber zeigt der Blick auf bisherige Studien, dass bisher fast nur mittel- und osteuropäische Großreiche in einen Zusammenhang gestellt wurden, während die systematische Einbeziehung eines westeuropäischen Falles bis heute fehlt. Dies ist weiterhin eine Folge des Eisernen Vorhangs, der in der Realität längst gefallen ist, doch in der Historiographie weiter dominiert und das Erkenntnispotential gesamteuropäischer Vergleiche behindert.[14]

Der hier vorgelegte Vergleich greift drei exemplarische Aspekte heraus: Das erste Untersuchungsfeld thematisiert imperiale Deutungskulturen und fragt nach den Bestrebungen der Empires, die Loyalität ihrer Untertanen durch kulturelle Instrumente zu verstärken. Dies wird am Beispiel der symbolischen Repräsentation der Empires durch Monarchien und Dynastien untersucht. Im zweiten Teil der Analyse geht es um die zeitgenössischen Klassifizierungen von Bevölkerungen. Dahinter steht die Frage, wie Empires ihre multiethnischen Gesellschaften zu erfassen und erschließen suchten und welche Reaktionen dies bei imperialen und kolonialen Akteuren hervorrief. Das dritte Untersuchungsfeld behandelt die Rolle des imperialen Militärs. Am Beispiel der Einführung der Wehrpflicht wird die zeitgenössische Auseinandersetzung der Empires mit dem Homogenitätsanspruch der Nationalstaaten besonders fassbar. Welche Überlegungen führten die imperialen Regierungen zur Einführung der allgemeinen Wehrpflicht, welche Integrationsleistungen verbanden sich damit, wo zeichneten sich Spannungen, Brüche und Grenzen ab?

Methodisch geht es neben dem kontrastierenden Vergleich von Handlungsmustern und Aktionsräumen ebenso um die gegenseitige Wahrnehmung und den selektiven Transfer von Strategien und Agenden. Denn Erfolg oder Scheitern imperialer Integrationsversuche wurden im Zeitalter verschärfter Konkurrenz in London, Wien, St. Petersburg und Istanbul genau registriert und neue Modelle immer auch vor dem Hintergrund alternativer Erfahrungen entworfen, so wie sich auch Nationalbewegungen, Klassenformationen oder religiöse Gruppierungen an den Vorgehensweisen vergleichbarer Bewegungen in anderen Gesellschaften orientierten. Ob in der Deutung von Konflikten und Krisen, der Ausbildung internationaler Finanzmärkte, im Blick auf internationale Infrastrukturen oder neuartige wissenschaftliche Foren: die Beziehung zwischen Empires und Nationalstaaten zu untersuchen und zu erzählen bedeutet, sich auf eine transnationale Geschichte von zeitgenössischen Wahrnehmungen, Verflechtungen und Handlungen einzulassen.

Das Empire inszeniert sich selbst: In einer prunkvollen Zeremonie, an der Gruppen aus allen Teilen des Russischen Reiches beteiligt waren, ließ sich Nikolaus II. im Mai 1896 zum Zaren krönen. Doch wurden die Feierlichkeiten von über 1.000 Toten überschattet, die bei einer Massenpanik ums Leben kamen und die öffentliche Meinung gegen den neuen Zaren wendeten.

2. Monarchie als Ritual: Imperiale Inszenierungen und Repräsentationen

Nationen, das hatte Ernest Renan in seinem berühmten Vortrag »Was ist eine Nation?« von 1882 erkannt, waren keine objektiven Gegebenheiten, sondern komplexe Gebilde und Konstrukte, die auf gemeinsamen Erfahrungen und Selbstbildern beruhten. Als imaginierte Schicksalsgemeinschaften seien sie auf kollektive Erinnerungen angewiesen, die von Generation zu Generation weitergegeben werden müssten. Ihren Erfolg verdankten sie deshalb auch den großen Kommunikationsrevolutionen seit dem 18. Jahrhundert, der Alphabetisierung, den expandierenden Presse- und Buchmärkten, den Lesehallen und Volksbibliotheken, aber auch der Schulpflicht sowie den bürgerlichen Bildungs- und Erziehungsreformen. Die Massenmedien ersetzten seit den 1850er Jahren langfristig die überkommene ständische und konfessionelle Integration der Gesellschaften.[1]

Mit der Entdeckung der eigenen Geschichte als Legitimationsinstanz des Nationalstaats verband sich die Neuerfindung von suggestiven Deutungsmustern, denen man die Überzeugungskraft althergebrachter Traditionen zuwies. Der Umbruch der politischen und sozialen Lebenswelten als Folge des beschleunigten industriegesellschaftlichen Wandels steigerte den Bedarf an sinnstiftenden Symbolen und Mythen. Das ließ seit der zweiten Hälfte des 19. Jahrhunderts regelrechte Märkte solcher »erfundener Traditionen« entstehen. Auch das imaginierte Charisma der neu stilisierten Helden und ihr idealisiertes Opfer für die Nation verpflichteten die Nation der Gegenwart auf bestimmte Botschaften der Geschichte und stellten eine Kontinuität zwischen Vergangenheit und Gegenwart her. Nationen vermittelten eine gemeinsame Erzählung, zumal durch die mediale Präsenz personalisierter Ursprungsmythen. Das verlieh den Wiedergängern von Vercingetorix über Arminius bis Friedrich Barbarossa und Alexander Newski ihre besondere Aura. Dabei kam kaum eine nationale Meistererzählung ohne den Rückgriff auf Monarchien und Dynastien aus – sie markierten und verbanden in ganz besonderer Weise Vergangenheit, Gegenwart und Zukunft. Paradoxerweise konnten gerade Monarchien und Dynastien als überkommene Institutionen gottgegebener Herrschaft von der Medialisierung und Popularisierung erfundener Traditionen profitieren. Dieser Prozess erscheint umso bemerkenswerter, als er sich seit der Französischen Revolution mit einem grundlegenden Funktionswandel der Monarchie verband.[2]

Einerseits behielt das monarchische Prinzip, nach dem die Staatsgewalt vom Monarchen ausging und nicht vom Volk, mindestens bis zu den Revolutionen von 1848/49 seine Geltung, insbesondere auf der Ebene der geschriebenen Verfassungen. In den Augen der Konservativen garantierte die Verbindung von Thron und Altar den Bestand der traditionellen Gesellschaftsordnung und der kirchlichen Autorität. Der Republikanismus blieb europaweit eine Minderheitsposition. Selbst in Frankreich, dem politischen und sozialen Experimentierfeld Europas, setzte sich 1851 die neobonapartistische Variante der Monarchie wieder durch.

Andererseits wurden die neuen Herausforderungen unübersehbar, mit denen Monarchien und Dynastien nach 1800 konfrontiert waren: Bereits die Etablierung des Napoleonischen Kaisertums bedeutete die Vervielfältigung des Kaisertitels. Hatte es bisher im Abendland nur einen Kaiser gegeben, der zumindest einen symbolischen Vorrang gegenüber allen anderen Herrschern beansprucht hatte, existierten nach 1804 mit dem Napoleonischen Kaisertum, der österreichischen Kaiserwürde und dem orthodoxen Zarentum, das sich als Nachfahre der byzantinischen Kaiser verstand, mindestens drei unterschiedliche Modelle. Blieb das Napoleonische Kaisertum in Frankreich auch nach 1815 eine entscheidende Bezugsgröße für die Etablierung einer Herrschaft auf der Basis revolutionärer Errungenschaften, erfuhren Habsburg und Russland langfristig den Funktionswandel des Kaisertums durch die schrittweise Konstitutionalisierung. Die Abwendung von der personalen Konzeption von Monarchie und Dynastie ging einher mit der Suche nach konstitutionellen und sozialen Herrschaftsbegründungen. Dafür stand der gesamteuropäische Erfolg der konstitutionellen Monarchie in Anlehnung an die französische *Charte Constitutionnelle* von 1814/15, aber auch der Entwicklungsweg der parlamentarischen Monarchien in Großbritannien und Skandinavien. Weder existierte in Österreich-Ungarn seit den 1860er Jahren, noch in Russland nach 1905 eine uneingeschränkte Monarchie.[3]

Vor allem aber trat die Nation immer deutlicher in den Bedeutungshorizont der Monarchie ein. Mit dem konstitutionellen Funktionswandel, der zunächst eine institutionelle Schwächung und politische Marginalisierung der Monarchen bedeutete, verbanden sich die Suche nach neuen Aufgaben monarchischer Akteure und eine dynastische Selbstaufwertung durch bewusste Geschichtspolitik. Selbst Dynastien, die erst in der Neuzeit aufgestiegen waren, legten sich wie die Hohenzollern eine neu erfundene mittelalterliche Vergangenheit zu.[4] In Deutschland führte dies zum Versuch, die kleindeutsche Nationalstaatsbildung von 1870 durch die Etablierung des Kaiserreichs geschichtspolitisch aufzuwerten und in eine Kontinuität zum Heiligen Römischen Reich zu stellen. Hier zeigten sich bald die neuartigen Erwartungen einer entwickelten Industriegesellschaft, die auf personale Integrationssymbole offensichtlich nicht verzichten konnte. Die Person des Kaisers schien den medialen Bedürfnissen nach suggestiver Personalisierung von Staat, Nation und Politik zwar entgegenzukommen, doch die hochgesteckten Erwartungen an ein progressiv-soziales Kaisertum zur Integration der Industriearbeiter in den neuen Nationalstaat erfüllte er nicht.[5]

Die konstitutionellen Monarchien des 19. Jahrhunderts konnten sich nicht mehr auf eine einzige Legitimationsquelle verlassen. Schon gar nicht reichte der Rekurs auf die sakrale Qualität, die gottgegebene Königsmacht oder das dynastische Prinzip mehr aus. Zunehmend trat die Frage nach der konkreten Funktion des Monarchen für den Staat und die Nation in den

Vordergrund. Die Verrechtlichung von Herrschaftsbedingungen angesichts der Konstitutionalisierung, die Einrichtung von Parlamenten und die Bürokratisierung schränkten die Handlungsspielräume der Monarchen immer weiter ein.[6] Entweder erhielt der Monarch in parlamentarischen Systemen nur noch eine repräsentative Funktion, oder er wurde überhaupt durch einen demokratisch gewählten Präsidenten ersetzt. Einerseits führten Konstitutionalisierung und Bürokratisierung von Herrschaft zu einer »symbolischen Entlastung der Monarchen«, andererseits wurden die Monarchen selbst immer abhängiger von »Erfolg«, zumal wenn man diese Monarchie wie in Frankreich nach 1851 mit plebiszitären Elementen versah oder vor dem Hintergrund von neuartigen Massenmedien inszenierte. Auf eine unabsehbare Herrschaft kraft überzeitlicher Prinzipien konnten sich Monarchen nicht mehr verlassen. In einer Welt, in welcher der Monarch immer weniger in politische Entscheidungsprozesse eingebunden wurde, musste er sich umso intensiver der symbolischen Repräsentation und kulturellen Integration widmen, um nicht überflüssig zu werden.[7]

In den Nationalstaaten mündete die Ablösung tradierter personaler Herrschaftsauffassungen in eine umso größere Nachfrage nach alternativen personalen Herrschaftsbegründungen. Auch unter neuen Bedingungen mußte der Glaube an die Legitimität der Herrschaft stimuliert und gepflegt werden.[8] Das sicherte den Monarchen zunächst ihre Existenz. Aber für die Empires mit ihrer großen politischen, rechtlichen, ethnischen und religiösen Heterogenität blieben Monarchie und Dynastie entscheidende Institutionen, um den Gedanken einer gemeinsamen Verbundenheit jenseits ethnischer und religiöser Differenz überhaupt vermitteln zu können. Das zwang die Empire-Monarchen dazu, sich im Konkurrenzkampf kultureller Repräsentationen neu zu erfinden, ohne ihr historisches Kapital preiszugeben. Wie prekär diese Balance war, zeigte sich im Ersten Weltkrieg, als die Kriegsniederlagen zur Krise und Erosion aller kontinentaleuropäischen Monarchien führten.

Pomp and Circumstance:
Die Popularisierung der imperialen Monarchie im Britischen Empire

Unter den Engländern gebe es, so Samuel Wilberforce 1865, eine starke Neigung zu besonders erhabenen Ritualen.[9] Die Entwicklung der britischen Monarchie zu einer imperialen Institution wirkt im Rückblick wie eine Bestätigung dieser Aussage. Dahinter standen ein komplexer politisch-konstitutioneller Funktionswandel und ein neues Verhältnis zwischen den Teilen des Britischen Empires und der metropolitanen Gesellschaft. Die Rolle, die der britischen Monarchie als symbolischer Klammer des Empires zukam, war das Ergebnis einer erfundenen Tradition in der zweiten Hälfte des 19. Jahrhunderts. Zwischen den 1870er Jahren und 1914 kam es zu wesentlichen Veränderungen in der öffentlichen Wahrnehmung dieser Institution, die aufgrund der konsequenten Parlamentarisierung des politischen Systems ihre politische Macht weitgehend eingebüßt hatte und immer mehr auf repräsentative Funktionen reduziert worden war. Die Monarchie tauschte Macht gegen Popularität ein: Der politische Statusverlust bedeutete, dass die Monarchie zu einem neuen Forum symbolischer Sinnstiftung für die Nation wurde, in der das Empire einen entscheidenden Platz einnahm.

Diese Entwicklung, die dem Viktorianischen Zeitalter seine besondere Prägekraft gab, stand im Zusammenhang mit anderen Prozessen, welche die britische Gesellschaft besonders früh und intensiv veränderten: Dazu gehörten die Wahlrechtserweiterungen und die Entstehung von Arbeiterorganisationen genau so wie die wachsende Mobilität und die Veränderung der Kommunikations- und Lesegewohnheiten. Eisenbahn, Telegraph und Massenpresse waren die Kennzeichen dieser Verkehrs- und Kommunikationsrevolutionen. Während die traditionelle konfessionelle Integration der englischen Gesellschaft abnahm, wurde die mediale Integration immer wichtiger. Vor allem die überregionalen Tageszeitungen, die wie *Daily Mail*, *Mirror* und *Daily Express* preiswert waren und in hohen Auflagen erschienen, wurden zusammen mit den neuen Druck- und Bildtechniken zu entscheidenden Multiplikatoren für die neu entworfene Monarchie.[10]

Nach der Patriotisierung der Monarchie im Kontext der antifranzösischen Kriege zwischen 1792 und 1815 war es danach und unter Queen Viktoria seit den 1830er Jahren zunächst eher zu einem Rückzug der Monarchie aus der Öffentlichkeit gekommen, die sich durch Viktorias Trauer um Prince Albert noch verstärkt hatte. Erst in den 1870er Jahren gelang es der Regierung von Premierminister Benjamin Disraeli, die Monarchie in den Dienst des expandierenden Empires zu stellen. 1876 nahm Viktoria den Titel einer Kaiserin von Indien an.[11] Seit dieser Phase wurden die monarchischen Feierlichkeiten immer mehr zu imperialen Ereignissen stilisiert. Der symbolischen Imperialisierung der Monarchie entsprach umgekehrt die Monarchisierung des Empires. Beide Prozesse verstärkten sich gegenseitig.[12] Seit 1876 waren alle britischen Monarchen zugleich Kaiserinnen bzw. Kaiser von Indien und Könige bzw. Königinnen des *United Kingdom of Great Britain and (Northern) Ireland*. Von Edward VII. an kam der Titel eines Herrschers der *British Dominions beyond the Seas* noch hinzu.

In den Kolonien wiederum wurde die Monarchie in unzähligen Namensnennungen von Regionen und Städten, Straßen und Plätzen nach englischen Regenten omnipräsent. Das setzte sich in der visuellen Kultur der Orden und Herrscherporträts, aber auch in den anglikanischen Gottesdiensten und selbst auf den Briefmarken in Großbritannien und dem ganzen Empire fort.[13] Obwohl der reale Monarch in London lebte, erlaubte es seine symbolische Präsenz, sich die imperiale Verbundenheit zu vergegenwärtigen. Als Vizekönig in Indien begründete Lord Elgin die Notwendigkeit seiner ausgedehnten Reisen durch Indien damit, »den Untertanen Ihrer Majestät Möglichkeiten einzuräumen, in Anwesenheit des Repräsentanten Ihrer Majestät in Indien Beweise ihrer Loyalität und Ergebenheit gegenüber dem Thron und ihrer Person« zu liefern.[14]

Für die britische Gesellschaft bot die Popularisierung der imperialen Monarchie eine Chance, sich über ein nationales Symbol zu verständigen, das personale Kontinuität, Sicherheit und Selbstvergewisserung in einer Phase wachsender innerer und äußerer Spannungen verhieß. Zumal im Kontext der internationalen Konflikte von der Faschoda-Krise bis zum Burenkrieg und der Aufgabe der überlieferten *splendid isolation* erschien die imperiale Monarchie als Ausdruck von Dauer, Beständigkeit und Konsens in einer sich radikal und immer schneller wandelnden Welt. Das erklärte die Popularität Viktorias, deren Geburtstag seit 1904 als *Empire Day* gefeiert wurde. London wurde zu einer imperialen Hauptstadt ausgestaltet, wobei der Wettstreit mit imperialen Architekten und Ausstellungsplanern in Wien oder St. Petersburg eine nicht zu unterschätzende Rolle spielte, wie die Dreihundertjahrfeier der Romanovs 1913 eindrücklich belegte. Die Erweiterung der Mall, der Bau des Admiralty Arch, die Neugestaltung der Fassade des Buckingham Palasts und die Errichtung des Viktoria-Denkmals schufen in London massenwirksame Foren für imperial konnotierte Zeremonien. Dabei wurde die symbolische Sinnstiftung und monarchische Visualisierung der Empire-Nation immer mehr professionalisiert. Das galt für einen Cheforganisator wie Viscount Esher genauso wie für Edward Elgar, dessen patriotische Hymnen – wie der *Imperial March* 1897 zum Kronjubiläum Viktorias oder die Krönungsode von 1902, die in der Choralbearbeitung zur nationalen Musikikone des *Land of Hope and Glory* wurde – ihn zu einem inoffiziellen Hofmusiker des Empires machten. Die Popularisierung ging zugleich mit einer beispiellosen kommerziellen Vermarktung der Monarchie einher: Erst der Massenkonsum an Gedenkmünzen und Porzellanbechern oder der Gebrauch von Briefmarken sicherten der imperialen Monarchie ihre Omnipräsenz in der metropolitanen Gesellschaft.[15]

Die Feiern anlässlich der Kronjubiläen Viktorias bündelten die neue Ikonographie der imperialen Monarchie. Sie waren zudem seit dem Goldenen Kronjubiläum nicht mehr nur auf London und große englische Städte beschränkt, sondern wurden auch auf Hongkong, Sydney, Lagos oder Montreal ausgeweitet und somit globale Ereignisse. Der Erfolg dieser Feiern beruhte darauf, allen Teilen des Empires ihren je eigenen Anteil in einer gewachsenen und sichtbar gemachten Hierarchie zuzuweisen. Zum Diamantenen Kronjubiläum 1897 sorgte Kolonialminister Joseph Chamberlain dafür, dass die politischen und militärischen Vertreter der Kolonien systematisch in die Feiern integriert wurden. Viktoria führte eine Prozession durch die geschmückten Straßen Londons an und wurde dabei von mehr als 50.000 Soldaten aus allen Teilen des Empires begleitet. Die Krönung Edwards VII. 1902 wurde angesichts der zahllosen Abordnungen des Empires vor Ort zu einem »Familienfest für das britische Empire« stilisiert. Die ikonographischen und performativen Anleihen an mittelalterlichen Symbolen und Ritualen übertrugen die Organisatoren auf das Empire als Ganzes, um den Zeitgenossen die neue Qualität des imperialen Zusammenhalts zu vermitteln.[16]

Der Zusammenhang zwischen der Imperialisierung der Monarchie und der Monarchisierung des Empires zeigte sich auch an der zunehmenden Zahl von Besuchen kolonialer Würdenträger in London und in den Schlössern von Windsor und Balmoral seit den 1890er Jahren. Diese Besuche, die sich an dem Zeremoniell des indischen *Durbar* mit der Huldigung der indischen Fürsten gegenüber dem Vizekönig orientierten, spiegelten nicht nur eine feudale Rangordnung wider, sondern gaben dem britischen Monarchen auch die Gelegenheit, die Fürsten als gleichberechtigte Souveräne anzuerkennen und damit stabilisierend auf das Empire insgesamt einzuwirken. Das monarchische Empire war in dieser Perspektive ein nicht zu unterschätzender Legitimationsvorteil, den britische Politiker bis in die Phase nach dem Zweiten Weltkrieg zu schätzen wussten. So erinnerte Sir William Slim, der Oberbefehlshaber der Truppen des Empires, den ägyptischen König Faruk daran, dass es »auf der anderen Seite des Eisernen Vorhangs keine Könige« gebe.[17]

Aber nicht nur die Fürsten aus den Kolonien begaben sich nach London, auch die imperiale Monarchie suchte mit ihren Repräsentanten den direkten Kontakt zu den Teilen des Empires. Die Revolution der Kommunikationsmedien und Verkehrsmittel ließ nicht nur die mediale Omnipräsenz der Monarchie zu, sondern zunehmend auch ihre physische Anwesenheit. Zunächst waren nahe Verwandte des Monarchen als Gouverneure in den Dominions eingesetzt worden. Nicht zufällig hatte auch diese Tradition mit Disraeli eingesetzt, der den Schwiegersohn Viktorias 1878 zum Generalgouverneur in Kanada berufen hatte. Diese

Politik setzte sich bis weit ins 20. Jahrhundert fort, als Brüder des Königs als Gouverneure auf den Bahamas und in Australien amtierten.[18]

Das Königshaus selbst war um physische Präsenz in den Kolonien bemüht. Schon 1860 hatte der Prince of Wales Kanada besucht, 1867 folgte sein Bruder mit einem ersten Besuch in Australien. Wiederum war es Disraeli, der die Reise des Thronfolgers nach Indien anregte, die 1876 stattfand. Die Weltreise des Herzogs von York 1900 symbolisierte bereits die globale Dimension des Britischen Empires. Der spätere König Georg V. besuchte Indien 1905 und kehrte 1911 als erster regierender Monarch dorthin zurück, um sich zum Kaiser krönen zu lassen. In den verschiedenen Teilen des Empires waren diese Besuche der Monarchen mit unterschiedlichen Bedeutungen verbunden. In den ehemaligen weißen Siedlerkolonien, die als Dominions weitgehende Autonomie genossen, bestätigten sie eine besondere Form soziokultureller Verbundenheit im Zeichen der *Britishness* und die hervorgehobene Rolle der Dominions in der Ordnung des Empires. In den asiatischen Teilen war es eher das Bild des Empire-Monarchen als Nachfolger des Moguls und damit als Spitze einer indigenen Hierarchie, während es in den tribalen Kulturen Afrikas darum ging, die patriarchale Rolle des Monarchen zu betonen. Entscheidend blieb der symbolische Vorteil des imperialen Monarchen. General Jan Smuts brachte dies zum Ausdruck, als er Königin Mary gegenüber bemerkte: »You are the big potato, the other queens are small potatoes.«[19]

Der Unterschied zu den kontinentaleuropäischen Monarchien bestand darin, dass die Staatsoberhäupter hier noch immer über reale Macht verfügten, während die symbolische Aufwertung des britischen Monarchen und seine Stilisierung zum personalen Schlussstein des Empires mit seiner faktischen politisch-konstitutionellen Marginalisierung einhergingen. Nirgendwo entfaltete sich die inszenierte Empire-Monarchie dabei so eindrücklich wie in Indien, aber zugleich zeigten sich hier auch die Grenzen und Aporien der Wirkungsmacht. Die Umwandlung Indiens von einem *Company State*, der bis zur *Indian Mutiny* 1857–1859 der territorialen Herrschaftsausübung der East India Company unterstellt gewesen war, in eine Kronkolonie kon-

27

frontierte Großbritannien mit dem Grundproblem, wie es seine Herrschaft auf dem Subkontinent überzeugend begründen solle. Der zunächst ganz schmucklosen Proklamation Viktorias vom November 1858, in der sie den Erhalt aller indischen Dynastien, der indigenen Rechtskulturen und Religionstoleranz versprach, folgte unter dem englischen Vizekönig Lord Canning eine Reihe von *Durbars*, mit denen er zunächst die Loyalität indischer Fürsten während des Aufstandes auszeichnete. Diese Versammlungen, die auf ein indisches Herrschaftsritual zurückgingen, gaben untergeordneten Fürsten die Gelegenheit, eines Oberherrschers »ansichtig« (Hindi: *darshan*) zu werden, durch den gegenseitigen Austausch von Geschenken die gegenseitige Verbundenheit zu unterstreichen und so die Herrschaft insgesamt zu stabilisieren.[20]

Der neue Kaisertitel, der ursprünglich nicht allein für Indien, sondern auch für Großbritannien und Irland gedacht gewesen und erst auf Disraelis Intervention hin auf Indien allein bezogen worden war, stellte zunächst den Versuch dar, der von englischen Zeitgenossen wahrgenommenen inneren Heterogenität Indiens eine neue Einheit unter der britischen Krone entgegenzusetzen. Der Kaisertitel entwickelte aber, trotz der Analogie zum Mogul-Titel, zunächst wenig suggestive Kraft bei den indischen Fürsten, zumal die konkrete Macht nicht beim britischen Monarchen, sondern zwischen Vizekönig, Premierminister und dem zuständigen Staatssekretär für Indien verteilt war.[21] Diese Konstellation zwang dazu, die Leerstelle realer Macht durch die inszenatorische Qualität der imperialen Monarchie zu füllen. Das machte die besondere Bedeutung der *Durbars* von 1877, 1903 und 1911 aus.

Das Kalkül der englischen Vizekönige vor Ort lief dabei darauf hinaus, die Inder durch pompöse Inszenierungen zu beeindrucken und so ihre Loyalität gegenüber dem Mutterland zu stärken. Der *Durbar* von 1877, der anlässlich der Reise des Prince of Wales 1875/76 und seiner Auszeichnung mit dem »Star of India« stattfand, stand ganz im Zeichen einer Erfindung mittelalterlicher Traditionen mit zahllosen neuentworfenen Wappen und Bannern, die aus dem heraldischen Zeichenvorrat Europas schöpften und diesen auf Indien zu übertragen suchten. Die ursprüngliche Bedeutung des Zeremoniells, die gegenseitige Bestätigung, wurde durch die mittelalterlich-feudale Europäisierung so verändert, dass die feudale Hierarchie und der Abstand zwischen Herrscher und Beherrschten in den Vordergrund traten.[22] Zugleich sollte mit dem *Durbar* die Versöhnung nach der *Indian Mutiny* besiegelt werden. Aber trotz des großangelegten Zeremoniells mit dem Adventus des Vizekönigs in Delhi, seiner farbenprächtigen Prozession und schließlich der Versammlung des Vizekönigs und der indischen Herrscher in einem riesigen Amphitheater blieb bei vielen Indern der Eindruck einer inhaltsleeren Präsentation fremdartiger Symbole haften. Ein zeitgenössischer indischer Künstler fühlte sich angesichts der Größe der Inszenierung an einen »gigantischen Zirkus« erinnert, von dem lediglich die »Dekorationen« in Erinnerung blieben.[23]

Den *Durbar* von 1902/03 anläßlich der Thronbesteigung Edwards VII. richtete Vizekönig Lord Curzon nicht mehr als mittelalterliches Spektakel aus, weil er erkannte, dass sich indische Fürsten nicht ohne Weiteres in mittelalterliche Herzöge verwandeln ließen. Das Ergebnis war ein hybrid-eklektischer Stil mit ganz verschiedenen Elementen aus der arabischen und indischen Kunst. In seiner Eröffnungsrede betonte Lord Curzon die Loyalität gegenüber dem Monarchen und den zivilisatorischen Fortschritt, den das Empire für den Subkontinent bedeute.[24] Der letzte große *Durbar* von 1911/12 fand zum ersten Mal in Anwesenheit eines regierenden Monarchen aus London statt, als Georg V. zur Inthronisation als Kaiser von Indien anreiste. Mit über 600 geladenen Fürsten und über 50.000 Soldaten war dieser *Durbar* mit Abstand der größte. Während seines Aufenthalts dürften etwa 250.000 Inder den Monarchen gesehen haben.[25]

Doch trotz des immensen inszenatorischen Aufwands darf die Wirkung der *Durbars* nicht überschätzt werden. Scharfe Kritik erhob sich schon 1877 in der indischen Presse an der »unangemessenen Bedeutung, die man Titeln und pompösen Inszenierungen« zugedacht hatte.«[26]. Man kritisierte die Verschwendung und den Anachronismus von Militärparaden, die ein Indien repräsentierten, das so gar nicht mehr existiere. Auch waren indische Fürsten, anders als es die Inszenierungen nahelegten, keine bloßen Statisten, sondern nutzten ihre Auftritte für politische

Aussagen und forderten eine angemessene politische Teilhabe.[27] Der Abstand zwischen der symbolischen Repräsentation der Kolonialmacht und den nationalpolitischen Erwartungen der Inder wurde mittels der *Durbars* im Bewusstsein der Zeitgenossen nicht überbrückt, sondern tendenziell eher vergrößert. Den prekären Charakter der britischen Herrschaft konnte auch die inszenierte Pracht der imperialen Monarchie nicht verdecken.

Die Grenzen der imperial-monarchischen Suggestion zeigten sich auch in anderen Teilen des Empires[28] ebenso wie auf der britischen Insel selbst. Hinter *Great Britain* stand seit 1801 die spannungsreiche Konstruktion einer Union, die mit England und Schottland zwei Königreiche und mit Iren, Walisern, Schotten und Engländern nicht weniger als vier Nationen umfasste. Der Integrationserfolg der *Britishness*, in der Engländer, Schotten, Waliser und Iren aufgehen sollten, beruhte im 19. Jahrhundert in besonderer Weise auf der Vorstellung einer imperialen Monarchie. Aber das verhinderte nicht den blutigen Kampf um die irische Homerule. Über William Gladstones Sturz und den Osteraufstand von 1916 bis zu den bürgerkriegsähnlichen Konflikten zu Beginn der 1920er Jahre und weit darüber hinaus stand Irland für eine traumatische Dauerkrise. Sie passte nicht in das Bild der gewaltfreien Evolution eines ungebrochenen politischen und sozialökonomischen Fortschritts und einer kulturellen Zivilisationsmission, wie es die *Whig interpretation of history* und die mit ihr korrespondierende Vorstellung einer konsensualen Empire-Monarchie suggerierten.

Herrschaft durch Repräsentation?
Die Habsburgermonarchie

Monarchische Repräsentation hatte in der Habsburgermonarchie seit dem Mittelalter in besonderem Maße dazu gedient, Herrschaft zu festigen und zu vermitteln. Der Zusammenhalt der heterogenen Länder und Stände wurde in der frühen Neuzeit immer wieder durch aufwendige und prunkvolle Krönungen und Huldigungen beschworen. Ebenso diente ein dichter religiöser Festkalender der Dynastie dazu, ihre weltliche Macht zu sakralisieren. Eine Abkehr von der Tradition, Herrschaft auch durch Repräsentation auszuüben, vollzog seit den 1760er Jahren Kaiser Joseph II., der die Feier dynastischer Geburts- und Namenstage abschaffte, die Zahl öffentlicher Gottesdienste radikal reduzierte und sich weder in Ungarn noch in Böhmen krönen ließ.[29]

Erst die Bedrohung durch das Napoleonische Frankreich und die Auflösung des Heiligen Römischen Reiches ließen es notwendig erscheinen, den faktischen Machtverlust durch einen symbolischen Repräsentationsgewinn zu kompensieren. Die Krönung Franz II., des letzten Kaisers des Heiligen Römischen Reichs Deutscher Nation, als Franz I. und Kaiser von Österreich 1804 sollte explizit »der dauerhaften Befestigung dieser vollkommenen Rangs-Gleichheit [...] nach den Beyspielen, welche in dem vorherigen Jahrhunderte der Russisch-Kaiserliche Hof und nunmehr auch der neue Beherrscher Frankreichs gegeben hat«, dienen.[30] Doch trotz der äußeren Rangerhöhung setzte Franz I. (1804–1835) die Trennung von Amt und Person fort, feierte dynastische Anlässe im kleinsten Familienkreis und reduzierte das religiöse Zeremoniell auf wenige, meist uninspirierende Formen. Die Vernachlässigung repräsentativer Rituale steigerte sich durch die Regierungsunfähigkeit seines Nachfolgers, Ferdinand (1835–1848), noch und ließ einen Zeitzeugen folgenden Eindruck vom Wiener Hof der ersten Jahrhunderthälfte gewinnen: »Dieselbe Einfachheit, dieselbe prunklose und dennoch imponierende Würde [...] spricht sich auch in dem ganzen Hofstaate des Monarchen aus. Hier ist kein Glanz, keine Pracht, kein Anschein von Verschwendung zu gewahren [...] Auf gleiche Art ist der Hofhaushalt nur auf die nöthigste, der Würde der kaiserlichen Krone angemessene Zahl von Würdenträgern [...] beschränkt.«[31]

Dennoch galt es, der wechselseitigen Verpflichtungsidee zwischen Herrscher und Ständen immer wieder sichtbaren Ausdruck zu verleihen. Die kulturelle Repräsentation der Habsburgermonarchie im 19. Jahrhundert wird jedoch erst in jüngster Zeit und primär von angloamerikanischer Seite als Instrument moderner Politik untersucht.[32] Ein Blick auf die Krönungsrituale der 1830er Jahre verdeutlicht, dass die Monarchie zunächst die traditionelle Verbindung von Monarch und Ständen weiter in

Szene zu setzen suchte. So war die Erbhuldigung der böhmischen Stände wenige Tage vor der Krönung Ferdinands zum König von Böhmen im September 1835 angesetzt, um die Funktion des Kaisers als Landesherrn besonders hervorzuheben. Während an der Huldigung auch »die den Bürgerstand vorstellenden Deputierten von Prag, und den übrigen privilegierten Städten« teilnahmen, war die Krönungszeremonie im Prager Hradschin fast ausschließlich dem böhmischen Hochadel vorbehalten. Die fein abgestufte Integration der breiteren Bevölkerung erfolgte eine Woche später durch ein großes Volksfest, das außerhalb Prags stattfand.[33]

Die Revolution von 1848/49 stellte Form und Intention der habsburgischen Repräsentation jedoch grundlegend in Frage. Rebellionen in Böhmen, Galizien, der Lombardei und Ungarn hatten sich gegen das autokratische System ebenso wie gegen die deutsche Herrschaft gerichtet und das Großreich kurzfristig an den Rand des Zusammenbruchs geführt. Umso stärker war der Wille des neuen Kaisers, der Krone wieder eine breite Geltung zu verschaffen und auf die demokratischen Forderungen der Revolution mit erneuerter monarchischer Macht zu antworten. Dabei wies er der monarchischen Repräsentation als Mittel, um den unpopulären Neoabsolutismus kulturell zu kompensieren, eine tragende Bedeutung zu. Bereits in den ersten Wochen seiner Herrschaft beauftragte Franz Joseph I. seinen neu ernannten Obersthofmeister, Carl Graf Grünne, mit einer Neuorganisation und Professionalisierung des Zeremoniells, dessen bisherige laxe Handhabung seinem Ziel entgegenstand, die habsburgische Herrschaft zu erneuern. Katholische Rituale wie die Fronleichnamsprozession oder die traditionelle Fußwaschung am Gründonnerstag gewannen unter Franz Joseph eine neue Popularität und dokumentierten die Nähe des Monarchen zur Katholischen Kirche. Ausgedehnte Kaiserreisen verstärkten die Bindungen zur Peripherie des Reiches, und Kaisergeburtstage, die vor 1850 eine Familienangelegenheit gewesen waren, wurden jetzt professionell zu öffentlichen Gedenktagen im ganzen Reich stilisiert, um persönliche Bindungen zwischen Volk und Souverän zu suggerieren.[34]

Zunehmend mussten aber auch neue Formen imperialer Repräsentation gefunden werden, die neben die traditionellen Quellen monarchischer Legitimität traten. Denn ständische Sichtbarkeit konnte Gruppen, die sich zunehmend national definierten und die Nation durch elegante Turninszenierungen etwa der tschechischen Sokol-Vereine auch ästhetisch zu inszenieren verstanden, kaum mehr einbinden. Die Einstellung der bis ins Mittelalter zurückgehenden Erbhuldigungen war eine erste Reaktion des Wiener Hofes. Doch auf die Herausforderung des Nationalismus reagierte das Empire auch aktiv mit neuen Ritualen, die den nationalen Zeitgeist geschickt aufnahmen und mit monarchischen Formen verbanden. Besonders deutlich wurde diese Innovationsfähigkeit in dem grandiosen Zeremoniell, das die Krönung Franz Josephs zum König von Ungarn 1867 begleitete.

Mit der Einwilligung, sich in Budapest zum König von Ungarn krönen zu lassen, akzeptierte Franz Joseph den Abschluss des österreichisch-ungarischen Ausgleichs und dokumentierte den Funktionswandel der Monarchie von der absolutistischen zur konstitutionellen Herrschaft. Als Folge des Ausgleichs war Ungarn jetzt nicht mehr integrierter Bestandteil des österreichischen Kaiserreichs, sondern erhielt eine weitgehende staatsrechtliche Unabhängigkeit innerhalb der neuen Doppelmonarchie. Das neue System staatlicher Ordnung musste auch symbolisch vermittelt werden, um die Loyalität der nun selbstständiger agierenden Ungarn auch weiterhin zu sichern.[35]

Gezielt nutzte der kaiserliche Hof zunächst die junge und populäre Kaiserin zu einer Emotionalisierung der Monarchie. Indem Genealogen des Hofes sie als mehrfache Urenkelin einer im 14. Jahrhundert gestorbenen ungarischen Nationalheiligen, der heiligen Elisabeth, gleichsam wiederentdeckten, konnten nationale Gesinnung und habsburgisches Reichsethos in ihrer Person besonders erfolgreich verschmelzen. Auch die Krönung selbst trug dazu bei: Die ungarischen Königinnen waren bisher immer getrennt vom König und am nächsten Tag gekrönt worden. Gänzlich neu, aber überaus populär war die auf Elisabeth selbst zurückgehende Entscheidung, sich in derselben Zeremonie wie der König krönen zu lassen.

Vor allem aber ließ sich mit der eigentlichen Krönung durch

Gyulay Andrássy eine Versöhnung mit der ungarischen Revolution von 1848/49 symbolisieren. Denn indem Franz Joseph I. den 1849 zum Tode verurteilten Revolutionär Gyulay Andrássy zum ungarischen Palatin ernannte, der als solcher die Krönung vornehmen durfte, ließ sich eine Kontinuitätslinie zwischen 1848 und 1867 ziehen. Die Verbindung zwischen Nation und Reich sollte auch die ungarische Nationaltracht visualisieren, die das österreichische Herrscherpaar am Tag der Krönung angelegt hatte. Millionenfach vervielfältigte Lithographien des Paares trugen dazu bei, die Erinnerung an diese symbolische Versöhnung über den Tag hinaus zu verlängern und in alle Teile des Empires zu vermitteln.

An die nichtöffentliche Krönung schloss sich schließlich die Krönung in der Öffentlichkeit an. Franz-Joseph galoppierte auf den Budapester Krönungshügel und schwang das Stephansschwert in alle vier Himmelsrichtungen. Traditionell war es nur dem Palatin erlaubt, das Ritual mit einem *éjen*-Schrei zu besiegeln, doch bevor Andrássy noch ansetzen konnte, schrien die Massen statt seiner und sprachen sich damit selbst die Autorität zu, den König zu krönen. Statt durch Adel und Klerus kam es zu einer Inauguration durch die Massen als neues symbolisches Legitimationsmuster.[36]

Anders als das ungarische Krönungszeremoniell machten es die monarchischen Jubiläen der folgenden Jahrzehnte notwendig, mehrere Nationalitäten symbolisch einzubeziehen. Die Monarchie reagierte darauf mit einer neuartigen Inszenierung des Empires, die zunehmend ethnische und räumliche Vielfalt in Szene setzte. Doch je mehr die ethnischen Gruppen sichtbar wurden, desto eher konnte sich diese Sichtbarkeit auch gegen das Empire wenden. Diese Ambivalenz wurde während des 60-jährigen Regierungsjubiläums Franz Josephs im Jahr 1908 besonders deutlich.

Bis in die 1860er Jahre war vor allem das französische Protokoll Vorbild für die habsburgische Repräsentation gewesen. Doch mit dem Ende Napoleon III. und den immer eindrucksvolleren Ritualen des Britischen Empires orientierte sich die Habsburgermonarchie zunehmend an den britischen Vorbildern. Für die Vorbereitungen der habsburgischen Regierungsjubiläen von

1898 und 1908 besorgte sich das österreichische Obersthofmeisteramt nicht nur die genauen Programme der britischen Regierungsjubiläen von 1887 und 1897. Der österreichische Hof, der 1890 ein eigenes Zeremonialdepartment geschaffen hatte, schickte 1897 auch eine Delegation nach London, um das extravagant inszenierte 60-jährige Regierungsjubiläum von Queen Viktoria vor Ort zu verfolgen.[37]

Für das eigene Jubiläum entschied man sich, die Dynastie und das Empire gleichermaßen zum Mittelpunkt des Festes zu machen. Ein historischer Festzug sollte die wichtigsten Momente der Habsburgerdynastie darstellen und griff damit auf eigene Traditionen aus Renaissance und Barock zurück. Doch die strukturellen Schwächen der Monarchie wurden auch in ihrer symbolischen Repräsentation sichtbar. Nur der Adel war bereit, den historischen Festzug auf eigene Kosten zu übernehmen, worauf das Festkomitee in Zeiten knapper Kassen nicht verzichten konnte. Deshalb waren vor allem junge Männer aus dem Hochadel in die historischen Kostüme der Vorfahren geschlüpft, was die politische und militärische Dominanz des Hochadels in der Gegenwart auch in der symbolischen Vergegenwärtigung des Reiches durchscheinen ließ. Ebenso blieben moderne Errungenschaften des 19. Jahrhunderts wie die 1867 erlassene Verfassung, das 1907 eingeführte allgemeine Wahlrecht oder die Industrialisierung ausgespart.[38]

Während der historische Festzug die Dynastie in den Mittelpunkt stellte, diente die »Nationalitätenparade« vor allem der Inszenierung des Empires. Stundenlang zogen die unterschiedlichsten ethnischen Gruppen des Reiches in historischen Trachten und mit den Wappen ihres Landes an ihrem Kaiser vorbei. Mit der Vielfalt der Bevölkerungsgruppen wurde zugleich die Ausdehnung des Empires betont und die imperiale Loyalität als komplementär zur jeweiligen nationalen Identität inszeniert. Doch der österreichische Wahlspruch »Einheit in der Vielfalt« blieb eine Illusion. Tschechen und Ungarn hatten mit unterschiedlichen Argumenten das Jubiläum boykottiert, womit die nach den Deutschen wichtigsten nationalen Gruppen des Empires in seiner symbolischen Repräsentation fehlten. Neben den nationalen Proportionen stimmten auch die sozialen nicht, da primär die ärmsten Provinzen ihre Vertreter auf Kosten des Hofes nach Wien geschickt hatten, was Karl Kraus in der *Fackel* satirisch kommentierte: »Wenn aber die österreichischen Nationalitäten so aussehen wie die Proben, die uns noch heute auf den Wiener Straßen die Passagen sperren, dann [...] könnte der Einheitsgedanke der Hässlichkeit zu einer Verständigung führen.«[39] Schließlich nützte Wiens antisemitischer Bürgermeister Karl Lueger die aus Großbritannien übernommene Idee der Kinderhuldigung dazu, mit den versammelten 80.000 Kindern zu demonstrieren, daß nur seine christlich-soziale Partei den wahren dynastischen Patriotismus verkörpere. Während die regierungsnahe Presse das Jubiläum als Krönung des habsburgischen Reichsgedankens feierte, wurde die Diskrepanz zwischen der Inszenierung eines harmonischen Vielvölkerreichs und den ethnisch-sozialen Konflikten der Realität von Karl Kraus ganz anders kommentiert: »In Österreich brennt es, und sie machen ein Feuerwerk daraus!«[40]

Zar und Zimmermann: Die Inszenierung von Fremdheit und Nähe in der russischen Monarchie

Ebenso wie in der Habsburgermonarchie war Repräsentation auch in Russland seit der frühen Neuzeit ein bevorzugtes Mittel der Monarchie, Herrschaft abzubilden und herzustellen. Die Tatsache, dass der russische Adel kaum ständische Traditionen kannte und über keine lokale Autonomie verfügte, sondern seine Stellung nur auf den Dienst für den Zaren gründete, verstärkte im Vergleich zu den feudal geprägten Gesellschaften des westlichen Europas das Potenzial der zarischen Repräsentation, Plätze zuzuweisen, Unterschiede zu markieren und Hierarchien herzustellen. Dies spiegelte sich auch in den Leitmotiven wider, welche die Rituale der imperialen Monarchien durchzogen. In der Habsburgermonarchie war die Erweiterung des Empires durch Heirat oder die gegenseitige Verpflichtung zwischen Ständen und Monarchie legitimiert worden. In Russland hingegen waren nicht Ausgleich, Kompromiss und Harmonie Legitimationsmuster des Empires, sondern es war der Topos der Eroberung, der sich in unterschiedlichen Formen bis zum Ersten Weltkrieg durch die Choreographie monarchischer Rituale zog. Der zunehmende Erfolg des russischen Nationalismus stellte die zarischen Akteure seit der Mitte des 19. Jahrhunderts dabei vor die Aufgabe, das multiethnische Empire als Ergebnis von Eroberung und Beherrschung mit der neuen Vorstellung einer russischen Nation (*narod*) symbolisch zu verbinden. Wie die Romanov-Dynastie auf diese Herausforderung reagierte und welchen Wandel ihre Repräsentation zwischen den Napoleonischen Kriegen und dem Ausbruch des Ersten Weltkriegs durchlief, wird anhand der Inszenierungen der Zarenkrönungen besonders deutlich.[41]

Seit der frühen Neuzeit bemühten sich die russischen Zaren darum, ihre noch brüchige Macht durch die Herstellung von Distanz zu den Untertanen zu stabilisieren. Distanz wurde vor allem durch kulturelle Fremdheit vermittelt, die Herrscher wie Hof gleichermaßen darzustellen suchten. Den Zaren diente vor allem der Bezug auf sakrale Quellen, die weit entfernt von Russland lagen, wie beispielsweise der Mythos ihrer Abstammung von den skandinavischen Varägerprinzen oder ihrer Nachfolge des byzantinischen Kaisertums dazu, Fremdheit herzustellen. Der Adel ahmte diese Strategie nach, indem er sich als westliche Elite gerierte, deren Ursprung in Deutschland, England oder Frankreich lag, der mit dem Französischen eine andere Sprache als das Volk sprach, und sich dabei »geliehener Zeichen« (Richard Wortman) zur Visualisierung dieser Fremdheit bediente. Solche Zeichen konnten Barockarchitektur, Feuerwerke oder die Präsenz von Frauen auf Festen sein. Nicht zuletzt war es die Gemeinsamkeit dieser Zeichen, die den kosmopolitischen Charakter der russischen Eliten des 18. und frühen 19. Jahrhunderts nicht zum Problem werden ließ, vermochten sie doch deutschbaltische Großgrundbesitzer, tatarische Adlige, georgische Prinzen und muslimische Oberschichten partiell zusammenzubinden.[42]

Fremdheit als Mittel, Herrschaft auszuüben, hatte noch die Thronbesteigung Alexander I. im Jahr 1801 geprägt, die im kleinen Kreise französisch sprechender Hochadliger stattfand und keinerlei populärer Bestätigung bedurfte. Erste Signale, von der Distanz zum eigenen Volk als Herrschaftsstrategie abzurü-

37

cken, wurden bei der Krönung Nikolaus I. im Jahr 1826 sichtbar. Nikolaus rechtfertigte seinen Anspruch auf den Thron, der eigentlich seinem kinderlosen Bruder Konstantin Pavlovič zugestanden hatte, mit seiner besonderen Loyalität zur Monarchie, die er durch die militärische Niederschlagung des Dekrabistenaufstands gezeigt habe. Neben der Monarchie und dem Militär wurde erstmals auch das Volk zum Akteur im Moskauer Krönungszeremoniell vom 22. August 1826. Als Nikolaus nach der feierlichen Krönung die Treppe zum Kremlpalast emporgestiegen war, drehte er sich auf dem Treppenabsatz um und verbeugte sich drei Mal in Richtung der zuschauenden Massen. Diese begeistert begrüßte Geste schrieb sich umgehend in das zaristische Krönungsrepertoire des Jahrhunderts als »uralte Tradition« ein. Tatsächlich war sie ein Symbol der Gegenwart, dass der russische Zar Anerkennung nicht nur erhielt, sondern sie umgekehrt erstmals einem heterogenen Massenpublikum erwies und seine gottgleiche Erhöhung damit selber relativierte. Was repräsentativ gemeint war, fand seinen Niederschlag auch semantisch, indem die zahlreichen Berichte und Alben der Krönung erstmal den Begriff einer »Einheit von Zar und Volk« in Umlauf brachten.[43]

Dass die russische Autokratie auch Nationalität (*narodnost'*) integrieren konnte und in ihr Selbstbild vom erobernden Empire einbezog, zeigte sich nach der Jahrhundertmitte. Die Niederlage im Krimkrieg 1854 und die Kolonisierung Mittelasiens in den folgenden Jahrzehnten veränderten nicht nur Russlands Verhältnis zu den europäischen Großmächten. Daraus resultierte auch eine Neuverortung des Empires durch die nationalistische Intelligenz, der die Eroberungen im Osten endlich Anlass gaben, ihre vermeintliche Rückständigkeit gegenüber dem Westen zu überwinden: »In Europa waren wir nur Gnadenbrotesser und Sklaven, nach Asien aber kommen wir als Herren. In Europa waren wir Tartaren, in Asien aber sind auch wir Europäer. Unsere Mission, unsere zivilisatorische Mission in Asien wird unseren Geist verlocken und uns dorthin ziehen, wenn nur erst einmal die Bewegung angefangen hat.«

Das Muster einer solchen Neubestimmung, die den asiatischen Teil Russlands immer mehr als Gegenstand der nationalrussischen Eroberung des Empires deutete, gab indes auch die

Monarchie aktiv vor. Sie erfasste umgehend die politische Zeitströmung, visualisierte sie kulturell und präsentierte Ideen für ihre Einordnung. So fiel den ausländischen wie russischen Gästen vor allem die Diversität der Untertanen auf, die zur Krönung Alexander II. im Jahr 1856 geladen waren. Baschkiren, Tscherkessen, Tartaren und Armenier waren nach Moskau gebeten worden, um Ausmaß und Vielfalt des Empires zur Schau zu stellen und die Bindung zwischen dem Zaren und seinen asiatischen Völkern symbolisch zu festigen: »Und ist es nicht natürlich, dass ein muselmanischer Prinz die Polonaise mit einer großen Dame der Petersburger Gesellschaft von griechisch-orthodoxer Konfession anführt? Sind sie nicht beide Untertanen des russländischen Zaren?«[44]

Der ethnischen Inklusivität des imperialen Ereignisses entsprach die soziale Erweiterung. Zum ersten Mal waren Repräsentanten der Bauernschaft zur Zeremonie geladen und wurden in den breit zirkulierten Krönungsalben erwähnt. Das ethnische und soziale Ausgreifen der monarchischen Praxis, das sich von der vormaligen Beschränkung auf eine westliche Elite weit entfernt hatte, wurde auch im öffentlichen Umgang des Zaren mit dem 1859 gefangenen Imam Schamil, dem »Löwen von Dagestan«, deutlich. Alexander empfing den charismatischen Führer des islamischen Widerstands im Kaukasus als Verkörperung des »edlen Wilden« und instrumentalisierte ihn zur lebenden Trophäe imperialer Eroberung. Dieser Rhetorik entsprach die Repräsentation, indem alle durchreisenden Offiziere dem in Kaluga internierten Schamil als Beleg für die erfolgreiche Zivilisierungsmission des Reiches ihre Aufwartung machen mussten.[45]

Wie sehr die Nation in Russland zum Bestandteil der monarchischen Repräsentation wurde und diese veränderte, machten die Krönungsfeierlichkeiten Alexander III. im Jahr 1883 deutlicher als je zuvor. Gezielt wurde von Alexander selbst und seinen Hofbeamten eine Darstellung geplant, die sich von seinen Vorgängern abhob und die historische Vereinigung von russischem Volk und Zaren, die bei der Krönung Alexander I. noch undenkbar gewesen war, im Zeremoniell beschwor. Eine Bauernprozession marschierte an der Spitze der Gäste in die Kathedrale, um Anklänge an das 17. Jahrhundert wachzurufen, als die enge

Beziehung zwischen Zar und Volk, so die Deutung, noch nicht durch westliche Institutionen zerstört gewesen sei. Auch orthodoxen Priestern war eine dominante Rolle während der Krönung zugewiesen, um die Integrationskraft der Religion neu zu aktualisieren. Die Einbeziehung eines Massenpublikums in den Ablauf auf dem Roten Platz ließ einen Zeitzeugen schwärmen: »Es war, als ob die Kathedrale keine Wände hätte, als ob die Krönung auf einem grenzenlosen Platz, nur unter offenem Himmel stattfand, als allrussisch nationales Ereignis (*vsenarodno*).«[46] Im Anschluss an die Krönung gab der Zar ein Essen für 600 Dorfälteste, die das Krönungsmanifest zuhause verbreiten und vorlesen sollten. Ein Bild Ilja Repins von 1886, das diese Szene wiedergab, stellte den Zaren auf der selben Höhe wie die Bauern dar, was die gewollte Nähe zwischen Herrscher und Volk auch ikonographisch vermittelte. Vor allem wurden die modernsten technischen Mittel eingesetzt, um diese Nähe durch Zeitungen, Litographien und Stiche in alle Teile des Empires zu kommunizieren.[47]

Schließlich versuchte Alexander III. auch durch seine Reise nach Asien 1890/91 den Anspruch auf das imperiale Territorium symbolisch zu vermitteln. Doch gleichzeitig ließ die Mobilität der Romanov-Dynastie trotz der verbesserten Infrastruktur insgesamt nach, da die Angst vor Attentaten wuchs und zumal unter dem letzten Zaren zu einer persönlichen Isolation der kaiserlichen Familie führte.

Auf die Empfänglichkeit der Massen für den Nationalismus antworteten die Monarchien der Empires mit ganz ähnlichen Mitteln. Doch je mehr Menschen an den monarchischen Ritualen teilnehmen konnten und diese mit zu gestalten begannen, umso mehr konnte diese Integration von oben eine Dynamik von unten entfalten, die sich schließlich gegen das Empire richtete. Die Erinnerung, welche die Zeitgenossen mit der Krönung Nikolaus II. 1896 verband, war nicht die an prunkvolle Zeremonien und riesige Massen, die zur Orchestrierung des Ereignisse eingeladen und verpflegt wurden. Vielmehr waren es die vielen Toten infolge einer Massenpanik, derer man gedachte. Mangelnde Sicherheitsvorkehrungen, inkompetente Planung und Fehleinschätzungen der Massenmentalität durch die Moskauer Polizei und die

Beamten des Hofes hatten dazu geführt, dass es auf dem Ko-dynka-Feld, dem Ort des Volksfests, nach der Krönung zu einer plötzlichen Panik kam, die über Tausend Menschen das Leben kostete. Nicht nur das Ereignis selber, sondern auch die unge-schickte Reaktion des neuen Zaren, der am selben Abend einen Ball des französischen Botschafters besuchte, veränderten die öffentliche Stimmung gegenüber dem neuen Herrscherpaar, dessen Intention gerade die Integration größerer Bevölkerungs-gruppen gewesen war. Die große Distanz zum Volk, welche die Macht der Monarchie zu Beginn des Jahrhunderts begründet hatte, wurde am Ende des Jahrhunderts gegen eine Nähe einge-tauscht, die eben diese Macht nicht mehr gewährleisten konnte.

Sultan und Kalif: Die symbolische Nationalisierung der osmanischen Herrscher

Im Gegensatz zu den anderen Großreichen befand sich das Os-manische Reich als einzige nicht-christliche Macht in Europa im 19. Jahrhundert international in einer defensiven und über weite Strecken prekären Situation. Mit der Expansion der übrigen Großreiche und den imperialen Ansprüchen der Nationalstaaten geriet es unter zunehmenden Druck. Von dem militärisch starken Konkurrenten Russland und der Intervention europäischer Großmächte bedroht, wurde es zu einem leitenden Ziel der os-manischen Herrscher, die Souveränität und Gleichrangigkeit ihres Staates unter Beweis zu stellen. Je schwieriger sich dies auf der Ebene der internationalen Politik darstellte, desto wichtiger wurde die symbolische Repräsentation des Großreichs.[48]

Mit dem Versuch, die zentrifugalen Kräfte des Osmanischen Reichs stärker zu binden, wandelte sich der Charakter des Sul-tanats. Weil die Eliten eine doppelte Marginalisierung im Zeichen neuer Nationalbewegungen innerhalb des Empires und drohen-der internationaler Interventionen von außen fürchteten, ent-wickelten sie das von westeuropäischen Vorstellungen beein-flusste staatsbürgerliche Nationsverständnis des Osmanismus. Das bedeutete in der Theorie eine Abkehr von der traditionellen Beziehung zwischen Sultan und Untertanen. An die Stelle ihrer

Beherrschung trat idealtypisch die Einforderung der Loyalität des Bürgers.[49] Dabei offenbarte sich aber früh ein Grundproblem, das die Beziehung zwischen Staat und Religion langfristig kennzeichnen sollte. Das zentrale Dokument der Tanzimat-Reformen, das *Hatt-i Şerif von Gülhane* (1839), verkündete die Gleichheit von Muslimen und Nicht-Muslimen vor dem Gesetz, aber der Sultan berief sich zugleich darauf, dass »Länder, die nicht von den Scharia-Gesetzen regiert werden, sich nicht behaupten können«.[50] Das reformorientierte Sultanat bediente sich also weiterhin religiöser Argumente, um die Reformen zu legitimieren.

Mit Sultanat und Kalifat existierten im Osmanischen Reich Institutionen, die auf die vormoderne Phase des Islam zurückgingen und so Kontinuität suggerierten.[51] Auf diese Grundlagen griff man seit dem Beginn des 19. Jahrhunderts zurück, als man seit der Regentschaft Mahmud II. von 1808 bis 1839 und der Tanzimat-Phase seit 1839 das monarchische Zeremoniell differenzierte und intensivierte, um die Ebenbürtigkeit zumal mit der russischen Romanov-Dynastie zu unterstreichen. Nach den Vorbildern europäischer Herrscherfamilien gab Mahmud II. bei italienischen Künstlern ein eigenes Wappen der Osmanischen Dynastie (*arma-i osmānī*) in Auftrag, um dem Repräsentationsanspruch der anderen europäischen Großmächte nicht nachzustehen. In der heraldischen Anordnung verband man dabei türkische und islamische Motive und stellte die Krone des Sultans sowie die *tuğra* als Siegel des Herrschers in das Zentrum des Wappens. Diese Motive wurden von Symbolen des alten islamischen Rechts und der neuen Rechtskodifizierungen (*ahkām-ı şer'īye ve nizāmīye'yi cāmi' kitāb*) umgeben. Die Person des Sultans stellte somit die Kontinuität zwischen den alten Traditionen und den neuen fortschrittlichen Elementen her.[52]

Auch bei der symbolischen Repräsentation des Staates nach außen blieben europäische Modelle leitend. So engagierte der Sultan europäische Komponisten, um eine offizielle Hymne für das Osmanische Reich zu komponieren. Als Hofmusiker amtierten zwischen 1828 und 1856 Guiseppe Donizetti und danach Calisto Guatelli. Beide Künstler erhielten den höchsten Titel des Reiches, Pascha, zugesprochen.[53] Während der Regentschaft

Abdülmecid I. von 1839 bis 1861 wurden Erinnerungsmedaillons geprägt, die in ihren französischen Motti den Anspruch auf staatliche Souveränität (»*Cet État subsistera parce que Dieu le veut*«) und Reformwillen, vor allem die rechtliche Gleichheit aller (»*Justice égale pour tous*«), dokumentieren sollten, zugleich aber auch die traditionelle patriarchale Schutzfunktion des Herrschers zitierten (»*Protection des faibles*«).[54] Die Medaillen dokumentierten eine ikonographische Ordnung, welche die kontinuierliche Abfolge der osmanischen Dynastie und die entscheidenden Reformpolitiker der Tanzimat-Phase in den Mittelpunkt stellte. Auch in den offiziellen Staatsalmanachen (*sālnāme*) betonte man die lange genealogische Abfolge der osmanischen Dynastie. Eine Ausgabe von 1885 betonte, dass diese »nach der Untersuchung durch Experten eine der ältesten der Welt ist, und sie wird immer bestehen«.[55]

Der Anspruch, in der Person des Monarchen die Souveränität des Staates zu verkörpern, wurde auch dort erkennbar, wo man an christlichen Kirchen nun systematisch Tafeln anbrachte, die auf die Errichtung des Gebäudes unter der »gerechten und ruhmreichen Herrschaft des Sultans« erinnerten. Auch andere Maßnahmen sollten dem Ziel dienen, den Untertanen des Osmanischen Reichs eine vom Sultan ausgehende Einheit zu vermitteln. Der Fes als die in Europa wahrgenommene traditionelle Kopfbedeckung des Orients und insbesondere der Türken war in Wirklichkeit ein Import aus Marokko und wurde erst 1832 von Mahmud II. zur offiziellen Kopfbedeckung aller Untertanen unabhängig von ihrer Religionszugehörigkeit erklärt.[56]

Nach dem Krieg gegen Russland 1877/78 verlor das Osmanische Reich viele Territorien mit überwiegend christlicher Bevölkerung auf dem Balkan. Für die Symbolpolitik des Sultans bedeutete das eine umso engere Anlehnung an die Traditionen des Islams, obwohl die praktische Politik, von der Herrschaftszentralisierung bis zu den Erziehungsreformen, sich weiterhin an den Reformagenden der Tanzimat-Phase orientierte. Unter Sultan Abdülhamid II. (1876–1909) verstärkten sich die islamischen Tendenzen, und das Konzept einer nationalen Monarchie trat in den Vordergrund.[57] Dabei setzte er auf die Integrationskraft eines Islams, der sich stärker an der Ausgrenzung und immer weniger

43

an der traditionellen religiösen Toleranz orientierte. Auf diesem Weg sollte der defensiven Grundhaltung der muslimischen Untertanen angesichts der von außen permanent in Frage gestellten Herrschaft begegnet werden. Konkret ging Abdülhamid daran, das Sultanat durch eine bewusst sakralisierte Aura aufzuwerten.[58] Haare und Fingernägel des Herrschers wurden nun gesondert aufbewahrt und im Rahmen der jährlichen Hadsch zu den heiligen Stätten Mekka und Medina als Teil der offiziellen Geschenkgaben mit gesandt. Eine weitere Möglichkeit, diese religiös konnotierte Neuerfindung des Sultanats zu vermitteln, bestand darin, gegen die Missionsaktivitäten christlicher Kirchen und muslimischer Sekten vorzugehen und den Sultan als Bewahrer und Garanten islamischer Orthodoxie zu präsentieren. Diesem Ziel sollten Schulen, Moscheen und militärische Garnisonen dienen, aber auch neue muslimische Missionsgesellschaften, die gezielt gegen die Missionsversuche anderer Religionsgemeinschaften eingesetzt wurden. Im März 1898 nahm das Osmanische Reich zudem offizielle diplomatische Beziehungen zum Vatikan auf und entsandte einen Botschafter nach Rom. Auch damit suchte der Sultan als Kalif aller Muslime seinen Anspruch auf prinzipielle Gleichrangigkeit in Europa zu dokumentieren.[59]

Zudem zeigte sich der Sultan nun bei den traditionellen Freitagsgebeten, die durch die Integration europäische Zeremonialformen symbolisch aufgewertet wurden: So begab sich der Herrscher in einer regelrechten Prozession unter Begleitung seiner Palastgarde vom Palast zur Moschee. Der Sultan avancierte zu einer öffentlichen Person, die Monarchie zu einer visualisierbaren Institution. Diese veränderte symbolische Repräsentation ergab sich aus einer neuartigen Verbindung zwischen der Person des Sultans und der Religion. Auf diesen Wandel reagierten auch die Architekten: Die Moscheen des 19. Jahrhunderts erhielten zusätzliche zweistöckige Anbauten, die den zeremoniellen Bedürfnissen der öffentlichen Monarchie entgegenkamen. Aber die öffentliche Präsenz der Monarchie setzte die Person des Sultans gleichzeitig konkreten Gefahren aus. Besorgt beobachtete man die Anschläge gegen die russischen Zaren. Nicht ohne Grund fürchtete Sultan Abdülhamid seit 1900 politische Attentate.[60]

Die Übernahme der Kalifen-Rolle durch den Sultan bildete die entscheidende Voraussetzung für die Neuerfindung der osmanischen Monarchie. Hatte der Kalifentitel in der Hochphase des Osmanischen Reichs im 16. und 17. Jahrhundert noch keine herausragende Rolle gespielt, intensivierten sich Rekurse der Sultane auf diesen Titel seit der Epoche des politischen Niedergangs am Ende des 18. Jahrhunderts. Abdülhamid knüpfte hier an und stärkte durch die Vergabe höchster Ämter an arabische Untertanen bewusst das islamische Element. Für die konkrete Vermittlung der Doppelrolle als Sultan-Kalif kam der arabischen Hedschas-Region mit den heiligen Stätten von Mekka und Medina entscheidende Bedeutung zu.[61] Der Sultan wurde als Beschützer der Gläubigen und der heiligen Stätten (*emīr-ül-mü'-minīn und hādim-ül-haremeyn-i şerīfeyn*) stilisiert. Nach offiziellen Dekreten durften Nicht-Muslime in dieser Region kein Eigentum erwerben – womit ein zentraler Aspekt der Tanzimat-Reformen, nämlich der mögliche Erwerb von Land durch Ausländer und Ungläubige, partiell wieder außer Kraft gesetzt wurde.[62] Die Hedschas-Region wurde in der offiziellen Propaganda zum »Juwel in der Krone des Kalifats«. Diese Formulierung lehnte sich direkt an die symbolische Erhöhung Indiens zum *Jewel of the Crown* innerhalb des Britischen Empires an, wobei die Briten bei der Wahl dieses Titels auf die Herrschaft der indischen Mogule zurückgegriffen hatten. Auch in anderen Großreichen kam es zu suggestiven Versuchen, bestimmten Territorien ursprünglich-sakrale Qualitäten zuzuschreiben, so in der Habsburgermonarchie (»Heiliges Land Tirol«) oder in Russland (»Heiliges Russisches Land«).[63]

Besonderen Wert legte der Sultan darauf, dass zumal in den großen Zeitungen der muslimischen Länder seine Stiftungen für Pilger und Kranke im Gebiet der heiligen Stätten angemessen gewürdigt würden. Das ehrgeizigste Projekt, um die symbolische Repräsentation des Osmanischen Reichs durch die Verbindung von Sultanat und Kalifat zu verstärken, war der Bau der über 1300 Kilometer langen Hedschas-Eisenbahnlinie, die Damaskus mit den heiligen Stätten verbinden sollte. Hinter diesem großangelegten Infrastrukturprojekt standen auch militärstrategische Motive, es diente aber zugleich der Stilisierung des Sultans als geistlichen Führer aller Muslime, selbst wenn sie außerhalb des Osmanischen Reichs lebten. Die Eröffnung der einzelnen Abschnitte der Bahnlinie wurde programmatisch immer auf den Jahrestag des Beginns des Sultanats gelegt, sodass der Herrscher das Projekt direkt mit seiner Person verknüpfen konnte. Eine entsprechende Pressepolitik sorgte dafür, dass die Berichte über die Eröffnungszeremonien in den wichtigen Zeitungen aller muslimischen Länder erschienen, vor allem in Ägypten und Indien.[64]

Doch bei der konkreten Umsetzung des Projekts zeigten sich auch die Grenzen der symbolischen Selbstaufwertung: Der Ausbruch des Ersten Weltkriegs führte dazu, dass der Bau am Ende unvollendet blieb und mit großen Mühen überhaupt nur bis Medina fortgeführt wurde. Vor allem aber provozierte er regionale Widerstände einheimischer arabischer Stämme, die um ihre traditionellen Einnahmen und Privilegien fürchteten.

Obwohl die Symbol- und Geschichtspolitik der Sultane den Eindruck einer expansiven und selbstbewussten Strategie vermittelte, blieb sie letztlich von defensiven Motiven bestimmt. Dieser kompensatorische Grundzug blieb auch den Zeitgenossen nicht verborgen. 1882 schrieb Said Pascha, der langjährige Großwesir Abdülhamid II., das Osmanische Reich sei von christlichen Großmächten umgeben, und »alle Beziehungen zwischen den Staaten sind auf Animosität und Eigeninteresse gegründet«. Zwar verwies er explizit auf die Beispiele erfolgreicher Nationalstaatsbildungen in Deutschland und Italien. Ihnen müsse das Osmanische Reich langfristig nacheifern, doch schien ihm die Zeit dafür noch nicht reif. In der zeitgenössischen europäischen Wahrnehmung unterstrich die Suche des Sultans nach erfundenen Traditionen den prekären Charakter der Herrschaft. William Muir resümierte 1891: »Die osmanischen Sultane beanspruchen nicht nur die Oberhoheit über die muslimische Welt, sondern auch über das Kalifat selbst [...] Dieser Anspruch wäre ein törichter Anachronismus. Das Kalifat endete mit dem Fall Bagdads. Die illusorische Wiederbelebung durch die Mameluken war ein blutleeres Schauspiel, das Osmanische Kalifat ein Traum.«[65]

Fazit: Die defensive Inszenierung der imperialen Monarchien

Neben Religion, Bürokratie und Armee trat als übergreifendes Kennzeichen aller Empires im 19. Jahrhundert die personal konnotierte Integration durch die Monarchie hervor. Dieser Aspekt ist umso aufschlussreicher, als sich je phasenverschoben in praktisch allen europäischen Staaten seit der zweiten Hälfte des 19. Jahrhunderts ein Funktionswandel der Monarchien abzuzeichnen begann. Seine Merkmale waren die Entzauberung der fürstlichen Herrschaftssphäre, eine Einbuße an Herrschaftsressourcen bis hin zur faktischen Funktionslosigkeit im System der parlamentarischen Monarchien. Tendenziell trat im Lauf des langen 19. Jahrhunderts in allen Fällen der aus dem Mittelalter und der frühen Neuzeit stammende Aspekt der Dynastie zugunsten des imperialen Elements im monarchischen Selbstverständnis und den Repräsentationsformen zurück.

Als klassisches Beispiel der Monarchie als *invented tradition* gilt Queen Viktoria und ihre Installation als *Empress of India*. Die »Ornamentalisierung« (David Cannadine) der britischen Monarchie als Empire-Symbol vollzog sich vor dem Hintergrund eines politisch-konstitutionellen Funktionsverlusts als doppelter Prozess, nämlich als Monarchisierung des Empires und Imperialisierung der englischen Monarchie. Indien konnte sich dabei anders als etwa Irland zum Modell einer virtuellen Monarchie entwickeln, in welcher der Londoner Monarch physisch weit entfernt und doch medial präsent war. Aber Indien zeigte auch die Grenzen der inszenierten Monarchie auf, indem die Symbole und Rituale der *Durbars* einen Status repräsentierten, der mit der politischen Realität, den Teilhabeansprüchen der Inder und der entstehenden Nationalbewegung, nichts zu tun hatte und den prekären Charakter der britischen Herrschaft eher noch unterstrich.

Die Konfrontation mit den wachsenden Nationalismen hatte die monarchische Repräsentation der Habsburgermonarchie im Laufe des 19. Jahrhunderts erheblich verändert. Die zurückgehende Rolle ständischer Bindungen und die wachsende Bedeutung nationaler Loyalitäten machte nach 1850 neue Inszenierungen notwendig, die das Empire als Garanten genau dieser Selbstbilder darstellten. Jetzt ging die Monarchie dazu über, sich im Zentrum und in den Peripherien des Reiches symbolisch zu inszenieren, sie verband Reich und Nation in komplementärer Absicht. Sie bemühte sich, alle ethnischen Gruppen visuell zu integrieren und suchte das Ereignis schließlich massenwirksam zu vermitteln. Mit dieser Erneuerung monarchischer Präsenz vermochten die Habsburger viele Bevölkerungsgruppen einzubinden, die gerade in der übernationalen Dynastie einen Garanten für die eigene Entfaltung sahen. Eine erhebliche Begrenzung der monarchischen Bindekraft lag jedoch in der Zuspitzung auf die Person Franz Joseph I., in dem Amt und Person gleichsam verschmolzen. In der Habsburgermonarchie wurde weniger die Instanz der Dynastie als vielmehr die Person des Monarchen zum Inbegriff für die Stabilität des Reiches. Während eine stärker transpersonale Dynastie wie die britische daher auch den Tod lange regierender Monarchen und die Krise des Weltkriegs überstehen konnte, zerfiel mit dem Tod Franz Josephs im Ersten Weltkrieg für große Teile der Bevölkerung ein zentrales Band, das die Monarchie trotz aller Konflikte bis 1916 zusammengehalten hatte.

Repräsentationen der russischen Romanov-Dynastie hatten Herrscher und Hof seit der frühen Neuzeit als fremdländisch dargestellt, um den symbolischen Abstand zwischen Herrschern und Beherrschten zu vergrößern. Seit der Mitte des 19. Jahrhunderts wurde die imperiale Expansion indes zunehmend als nationalrussische Aufgabe gedeutet, um die Distanz zwischen Herrscher und Volk im Zeichen des populären Nationalismus zu verringern. Im späteren 19. Jahrhundert zeigte die Reisetätigkeit der Zaren einerseits den Versuch, den Anspruch auf das imperiale Territorium symbolisch zu markieren. Aber weil man seit den 1860er Jahren Attentate fürchtete, ließ die Mobilität der Zaren trotz der verbesserten Infrastruktur insgesamt nach. Die traditionelle, mit Moskau identifizierte spirituelle Einheit zwischen Zar und russischem Volk gegenüber der mit der Petersburger Residenz assoziierten Orientierung am Westen ließ sich vor diesem Hintergrund immer schwieriger vermitteln. Am Vorbild monarchischer Repräsentation im zweiten französischen

48

Kaiserreich orientiert, offenbaren die Inszenierungsversuche um den Zaren das Problem aller Medienmonarchien im 19. Jahrhundert: Auch in Russland führte die mediale, aber virtuelle Omnipräsenz der Monarchen zur Entwicklung von Erwartungen, die in der politischen und sozialen Realität immer weniger eingelöst werden konnten.

Vor dem Hintergrund seiner internationalen Bedrohung wurden die europäischen Monarchiemodelle, wie sie in der symbolischen Inszenierung zumal Napoleon III. oder der Romanov-Dynastie hervortraten, im Osmanischen Reich sehr genau wahrgenommen. Unverkennbar suchten die Sultane im 19. Jahrhundert, zumal seit Beginn der Tanzimat-Reformen in den 1830er Jahren, nach neuen Strategien, um Popularität zu gewinnen. Um sich als Repräsentant einer nationalen Monarchie zu profilieren, bemühte sich vor allem Abdülhamid II. darum, die symbolische Integrationswirkung des Sultans zu verstärken. Durch die programmatische Kopplung von Sultanat und Kalifat war nun auch der Appell an alle Moslems über die Grenzen des Osmanischen Reichs hinaus möglich und erlaubte die Selbstinszenierung als Diener des Islams. Andererseits war der Sultan anders als in den anderen europäischen Empires nicht in die familiären Netzwerke der europäischen Dynastien eingebunden und blieb von der Unterstützung durch internationale Mächte abhängig. Das verlieh seiner Repräsentationspolitik immer eine besondere kompensatorische Qualität.

Im Vergleich bedienten sich alle Empire-Herrscher historisch legitimierter Formen sakraler Herrschaftsbegründung, um die eigene Monarchie aufzuwerten, sei es unter Berufung auf den orthodoxen Islam, die russische Orthodoxie, den Katholizismus oder den Anglikanismus. Hinter der Revitalisierung überkommener oder der Erfindung neuer Traditionen, die auch den zeitgenössischen japanischen Kaiserkult der Meji-Ära prägten, stand die Erfahrung, dass sich Monarchien nicht mehr auf den »blinden« Gehorsam der Untertanen verlassen konnten und auf individuelle Überzeugungen setzen mussten.[66] Das erklärte nicht allein die Konzentration auf Symbolik, Ritual und Habitus, also auf konkret erfahrbare Visibilität, sondern vor allem auch den engen Nexus zwischen der Neuerfindung der imperialen Monarchien und der Nutzung religiös-sakraler Symbolsprachen.[67] Man vertraute der Überzeugungskraft der Tradition, um den sehr modernen Herausforderungen zu begegnen, mit denen sich die Empires konfrontiert sahen.

Ihre personale Identifikation mit dem Empire beraubte die Monarchen aber zugleich eines letzten Rückzugsraums. Besonders dort, wo sie in den kontinentaleuropäischen Großreichen auch noch über reale politische Macht verfügten, stellte das politische und militärische Scheitern des Staates auch die Legitimation der Monarchie in Frage. Als Medienmonarchen waren sie aufgrund ihrer virtuellen Omnipräsenz mit steigenden Machbarkeitsansprüchen der Öffentlichkeit bei gleichzeitig abnehmenden faktischen Handlungsfreiheiten konfrontiert. Diese Konstellation erlaubte, wenn überhaupt, die symbolische Integration in Friedenszeiten, musste aber in der zugespitzten Loyalitätskrise eines umfassenden Konfliktes wie im Ersten Weltkrieg in Gefahr geraten.

Geburtsort, politischer Bezirk, Land	Heimats- berechtigung (Zuständigkeit), Orts- gemeinde, politischer Bezirk, Land, Staats- angehörigkeit	Glau- bens- bekennt- nis	Familien- stand, ob ledig, verheiratet, verwitwet, gerichtlich geschieden oder ob die Ehe durch Trennung gesetzlich aufgelöst ist, letzteres nur bei Nicht- katholiken	Umgangs- sprache
Belehrung Absatz 14	Belehrung Absatz 15	Belehrung Absatz 16		Belehrung Absatz 17
9	10	11	12	13

Das Empire vor der Haustür: Mit einem großformatigen Zählungsbogen suchte die k.u.k.-Regierung zwischen 1880 und 1910 ihre multiethnische Gesellschaft zu erfassen. Die Zensoren waren meist lokale Beamte, Volksschullehrer oder Pfarrer, die den »Anzeigezettel« in jedem Haushalt verteilten.

3. Kampf um Zahlen: Der Zensus als imperiales Herrschaftsmittel

Empires waren mit anderen Realitäten konfrontiert als Nationalstaaten. Eine unmittelbare Herausforderung war die Vielzahl anliegender Gebiete, über die sie zu herrschen und deren Grenzen sie permanent auszuweiten versuchten. Grenzen zu überschreiten bedeutete, neues Terrain zu betreten, unbekannte Räume zu erschließen und fremden Völkern zu begegnen. Diese Aufgabe wurde von den Staatskanzleien und Kolonialbeamten in den imperialen Metropolen St. Petersburg, London, Istanbul oder Wien weniger gezielt geplant als lange angenommen, sondern war oft den eigenmächtigen, individuellen Aktionen von Gouverneuren vor Ort, Militärs an den Grenzen oder Abenteurern ohne Auftrag geschuldet, mithin *men on the spot*, deren Vorpreschen von den Behörden des Zentrums nachträglich legitimiert wurde.[1]

Um andere Gebiete in Besitz zu nehmen und fremde Gesellschaften zu beherrschen, bedurfte es spezifischer Strategien und Instrumente, mit denen man Räume erschließen, Menschen klassifizieren und eine neue, eben imperiale Ordnung herstellen konnte. Deshalb kamen überall dort, wo über die Erschließung fremder Räume und die Neuordnung ihrer Gesellschaften nachgedacht wurde, Experten zu Wort: Statistiker, Ingenieure, Geographen oder Mediziner, deren Instrumente die Schiene, die Volkszählung, die Karte oder die Impfung sein konnte. Oft waren diese Instrumente von den europäischen Nationalstaaten perfektioniert worden und sollten der Modernisierung und Integration ihrer sozial heterogenen, ethnisch aber überwiegend homogenen Gesellschaften dienen. Ihr Import in die ethnoreligiöse Vielfalt der Empires gründete auf der wachsenden Überzeugung der meisten imperialen Eliten, dass der Nationalstaat eine erfolgreiche, effiziente, kulturell überlegene, und damit »modernere« Ordnung versprach, welche die fremde, chaotische und ungeordnete Lebenswelt der Peripherie erst zum wirklichen Teil des Empires machen könne. Diesem Ziel verschrieb sich auch die russische Zeitung *Golos* nach dem polnischen Aufstand von 1863: »Die Aufgabe unserer inneren nationalen Politik besteht in der Verbindung all dessen, was infolge historischer Umstände an unserem staatlichen Leben teilnimmt [...] Die Stärkung des russischen Elements im Westgebiet bis zu jenen Siedlungen, wo die polnisch-slawischen Äcker enden; die Einführung des russischen Wortes [...] bis zu jenen Orten, wo die preußisch- oder österreichisch-deutsche Sprache erklingt [...] das Voranbringen des russischen Elements bis an die Grenzen des asiatischen Ostens, das Vordringen russischen Denkens bis an die äußersten Grenzen Mittelasiens, damit unsere nationalen Interessen weder in den östlichen noch in den westlichen Randgebieten leiden – hierin scheint uns die Aufgabe einer inneren nationalen Politik zu bestehen.«[2]

In der Vorbildfunktion des Nationalstaats und seiner vermeintlich fortschrittlichen Ordnung, welche die meisten imperialen Beamten des Zentrums ebenso artikulierten wie ihre Gegner, die nationalen Intellektuellen der Peripherie, lag die entscheidende Herausforderung für die europäischen Empires des 19. Jahrhunderts. Am Beispiel der Volkszählung lässt sich nachvollziehen, welche Mittel sie zur Erschließung ihrer vielfältigen Territorien heranzogen, wie diese im Zentrum geplanten Mittel sich in der lokalen Peripherie veränderten und welche Beziehungen dies zwischen Herrschenden und Beherrschten nach sich zog. Mit der Auswahl dieses Gegenstands lässt sich zugleich an zentrale Fragen der New Imperial History anknüpfen, die sich von den klassischen Prämissen eindeutiger Opposition zwischen Herrschern und Beherrschten gelöst hat und sich heute in analytischer Absicht mit der realen Imperienbildung und ihren kolonialen Erfahrungen auseinandersetzt.[3]

Gerade für die kontinentaleuropäischen Empires war die Vorbildfunktion des Nationalstaats noch sichtbarer und direkter als für Großbritannien – teilten sie doch Grenzen mit jenen, schienen ihnen wirtschaftlich unterlegen und hatten zahlreiche Kriege gegen sie verloren. Wie diese Wechselbeziehung funktionierte, ist jedoch kaum erforscht, da Nationalstaaten wie auch Empires meist als eigenständige, ja isolierte Einheiten untersucht wurden, was ihre gegenseitige Abhängigkeit und Verflechtung kaum in den Blick geraten ließ. Zu fragen, wo die Akteure der Nation auf jene des Empires trafen, wie die nationalen Ideale von Homogenität und Gleichheit sich zu imperialen Traditionen von Vielfalt und Ungleichheit verhielten und welche Mischungen aus solchen Kontakten entstanden und zurückwirkten, kann den engen Zusammenhang zwischen Empire und Nationalstaat verdeutlichen, der die Grenzen zwischen beiden im Laufe des 19. Jahrhundert verändern sollte.

Neue Räume zu erobern und bestehende Peripherien zu erschließen, brachte die Begegnung mit fremden Gesellschaften und Kulturen mit sich. Doch um die fremden Menschen und Gruppen zu integrieren und unterzuordnen, musste man sie zunächst einmal kennen, wie die britischen Angestellten der East India Company 1857 besonders einschneidend erfuhren. Lokale Rebellionen gegen die steuerlichen Lasten und die religiöse Ignoranz der britischen Fremdherrschaft waren bereits in der ersten Hälfte des 19. Jahrhunderts an der Tagesordnung gewesen. Aber erst der gezielte Aufstand bengalischer Soldaten, Händler und Bauern in der *Indian Mutiny* überzeugte die britische Verwaltung, dass nur eine genaue Kenntnis der heterogenen Bevölkerung eine stabile Herrschaft ermöglichen würde: »Ohne genaue Informationen über die Zahlen der Völker«, so schrieb der in Indien stationierte Beamte H. Beverley, »empfindet man hier ein gewisses Unwohlsein bezüglich der Verwaltung Bengalens.«[4] Hier, wie in der Habsburgermonarchie, Russland und dem Osmanischen Reich war es die moderne Statistik, mit der die imperialen Beamten daran gingen, ihre Bevölkerungen zu vermessen, zu klassifizieren und zu hierarchisieren. Doch die imperiale Herrschaftsstrategie ging nirgendwo so auf wie geplant. Der Vergleich kolonialer Lebenswelten zeigt, warum.

Die statistische Internationale

Ohne Zählen und Messen kam die europäische Staatenwelt im 19. Jahrhundert nicht mehr aus. Gegen Ende des 18. Jahrhunderts hatte zunächst der Versuch des revolutionären Frankreichs, die Struktur seines Territoriums neu zu definieren, zur Suche nach geeigneten Werkzeugen geführt, um die soziale Welt zu beschreiben. In England war es vor allem der rapide sozioökonomische Wandel, der zur Erfassung der Gesellschaft und zur Kontrolle ihrer Entwicklung herausforderte. Der Zuzug in die Städte, das rapide Wachstum der Bevölkerung, die beginnende Industrialisierung – all das bedeutete Wandel, der sich mit herkömmlichen Beschreibungen qualitativer Art nicht mehr nachvollziehen ließ. Es waren quantitative Daten, die eine genauere Erfassung der Wirklichkeit versprachen und eine »Politik der großen Zahlen« einläuteten, wie Alain Desroisière den Primat statistischen Denkens genannt hat. Diese Entwicklung schlug sich auch in der Begriffsgeschichte nieder. Hatte man in Mitteleuropa unter »Statistik« im 18. Jahrhundert noch eine »allgemeine Beschreibung der Staaten« verstanden, so der Aufklärer Ludwig Schlözer, meinte derselbe Begriff im 19. Jahrhundert zunehmend eine zahlenmäßige Erfassung von Gesellschaft, Wirtschaft oder Staat.[5]

Die Attraktivität der Statistik als Grundlage für Bevölkerungskontrolle sowie politische und soziale Reformen beschränkte sich nicht auf westeuropäische Nationalstaaten und deren Kolonien. Auch die östlichen Empires waren Gesellschaften im Aufbruch und erlebten Massenwanderungen in die boomenden Städtelandschaften Prags, Budapests, Moskaus, Rigas oder Salonikis. Nicht zuletzt überzeugte die russische Expansion in die Steppen Mittelasiens während der 1850er und 1860er Jahre und die dortige Begegnung mit Kasachen, Turkmenen und Usbeken die Beamten des Zaren von der Notwendigkeit ihrer Erfassung und Klassifizierung.[6] Die Diskussion, welche Daten in welcher Weise erhoben werden müssten, überschritt bald nationale Zirkel und verband Experten, Gelehrte und Beamte in ganz Europa miteinander. Seinen Kristallisationspunkt fand dieser transnationale Austausch im 1853 gegründeten Internationalen Statistischen Kongress. Ein Diskussionsforum entstand, auf dem sich Vertreter von Nationalstaaten und Empires begegneten, wo Modelle der anderen zur Kenntnis genommen wurden und von wo neugewonnene Erkenntnisse in die Herkunftsländer zurückwirkten. Zwischen den 230 Mitgliedern aus den meisten europäischen Ländern sowie aus Ägypten, den USA und Argentinien entwickelten sich persönliche Bindungen, so beispielsweise zwischen dem belgischen Statistiker Adolphe Quetelet, seinem russischen Kollegen Petr Petrovič Semenov und dem Direktor der Wiener Statistischen Zentralkommission, Karl-Theodor von Inama-Sternegg. Obwohl kein Staat verpflichtet war, den Entscheidungen des Kongresses zu folgen, setzten die meisten europäischen Regierungen die Empfehlungen tatsächlich um. Entsprechend resümierten die Mitarbeiter der Wiener Statistischen Zentralkommission anlässlich deren fünfzigjährigen Bestehens im Jahr 1913: »Dauernd blieb die Entwicklung der österreichischen Statistik unter dem Einflusse der internationalen statistischen Kongresse, deren Beschlüsse zur Richtschnur genommen wurden, nicht nur für die Ausdehnung des Arbeitsfelds auf neue Gebiete, sondern auch für die Umgestaltung und Verbesserung von Methode und Technik des statistischen Dienstes.«[7]

Besonders deutlich wurde die internationale Ausstrahlung des Kongresses an dem Ausmaß, in dem seine Vorgaben für die Volkszählung als Inbegriff moderner Erfassung verwirklicht wurden. Nicht nur die formalen Kriterien, welche Vergleichbarkeit gewähren sollten, wurden von den meisten europäischen Regierungen übernommen, auch die Empfehlung eines zehnjährigen Turnus, in England bereits seit 1801 realisiert, wurde in Britisch-Indien ab 1871 und in der Habsburgermonarchie seit 1880 verwirklicht. Doch auch Unterschiede in den nationalen Traditionsbeständen wurden deutlich. So entspann sich auf dem Londoner Treffen 1860 zwischen westeuropäischen Statistikern und ihren mittel- und osteuropäischen Kollegen eine kontroverse Diskussion darüber, ob »Nationalität« ein Kriterium moderner Zählungen sein solle. Briten und Franzosen wollten mit dieser Kategorie nur die Staatsangehörigkeit der Bevölkerung erfassen, wogegen deutsche, österreichische und russische Statistiker Nationalität als Merkmal ethnischer Zugehörigkeit interpretierten. Auf dem Treffen in St. Petersburg 1872 einigte man sich schließlich darauf, dass *spoken language* (Umgangssprache) ein sinnvoller Teil jeder Volkszählung sei, sein Gebrauch jedoch dem Ermessen der jeweiligen Regierung anheim gestellt werden müsse. Nationalität hingegen habe zu verschiedenartige Bedeutungen, um als Kriterium objektiver Erfassung dienen zu können. Fast alle europäischen Regierungen folgten in den kommenden Jahrzehnten diesen Empfehlungen. Doch das Potenzial des Zensus, jene Welt zu verändern, die er zu beschreiben suchte, hatten sich seine akademischen Autoren so nicht vorstellen können.[8]

Zahlen als Waffen: Der Zensus in der Habsburgermonarchie

In der Habsburgermonarchie waren selektive Bevölkerungszählungen seit der frühen Neuzeit üblich. Während die »Judenkonskriptionen« des 17. Jahrhunderts der Ermittlung jüdischer Kopfsteuern galt, dehnten sich die »Seelenkonskriptionen« des 18. Jahrhunderts auf weitere Teile der Bevölkerung aus. Sie blieben allerdings auf besondere Regionen begrenzt, dienten der Ermittlung von Steuern und Rekruten und erfassten ausschließlich Männer. Zu einer Zählung der gesamten Bevölkerung kam es erst im 19. Jahrhundert, als andere Motive in den Vordergrund traten. Nach der Konstitutionalisierung der Monarchie 1861/67 drängten liberale Politiker auf soziale und politische Reformen, die einer quantitativen Grundlage bedurften, zumal statistische Fortschrittlichkeit zunehmend ein Bestandteil jenes europäischen Wettbewerbs wurde, in dem man nicht zurückstehen wollte. Vor allem aber waren es die wachsenden Teilhabeforderungen der ethnischen Gruppen, über welche die Beamten der k.u.k.-Regierung nur anhand »objektiver«, quantifizierbarer Daten der ethnischen Zusammensetzung gerecht entscheiden zu können glaubten. Das Zusammenspiel dieser Motive führte zur Einführung einer Volkszählung, die seit 1880 alle zehn Jahre in Cisleithanien und damit in allen nicht-ungarischen Teilen der Monarchie durchgeführt wurde.[9]

Der zehnjährige Turnus ebenso wie die formalen Kriterien des

Zensus waren maßgeblich von den Empfehlungen des Internationalen Statistischen Kongresses beeinflusst. Neben Name, Alter, Geschlecht, Religion, Wohnort, Beruf und Rechtschreibkenntnissen wurde in den Zensusformularen auch nach Sprache gefragt. Im Einklang mit der Definition des Kongresses sollte dabei jene Sprache eingetragen werden, »deren sich dieselbe (Person) im gewöhnlichen Umgange bedient«.[10] Dagegen war Nationalität von den Beamten des Innenministeriums und der Statistischen Kommission als ein zu subjektives Kriterium abgelehnt worden: »Vom rein statistischen Standpunkt wurde gegen die Erhebung der Nationalität eingewendet, dass es sich bei einer Volkszählung nur um die Erhebung von kontrollierbaren Tatsachen handeln könne, bei der Erhebung der Nationalität aber werde eine Frage nach unkontrollierbaren Neigungen gestellt [...] Durch die Frage nach ihrer Nationalität würden die Staatsbürger zu einem Bekenntnis ihrer inneren Gesinnung gezwungen und falls sie keine nationale Gesinnung hätten, so würde ihnen durch eine staatliche Einrichtung, durch die Volkszählung, eine solche aufgenötigt und dies müsse man doch im Interesse des Staates für sehr bedenklich halten.«[11]

Der erste moderne Zensus im Jahr 1880 fand zu einem Zeitpunkt statt, als die ethnischen Konflikte über politische Repräsentation, ökonomische Teilhabe und kulturelle Autonomie den Zusammenhalt der Monarchie bereits sichtbar erschüttert hatten. Nach dem Erfolg der Ungarn mit dem österreichisch-ungarischen Ausgleich von 1867 betrachteten vor allem die Tschechen, deren Autonomieforderungen 1870 nicht erfüllt worden waren, das imperiale Instrument des Zensus in einem neuen Licht. Das Konzept der »Umgangssprache« wurde von den tschechischen Nationalisten um František Rieger abgelehnt, da es im multiethnischen Böhmen, wo zahlreiche Tschechen deutsch sprachen, deren tatsächliche nationale Zugehörigkeit nicht erfassen könne. Die Konflikte spitzten sich nach 1900 so zu, dass deutsche Unternehmer ihre tschechischen Arbeiter aufforderten, als Umgangssprache die Sprache ihres Arbeitgebers anzugeben. Tschechische Aktivisten versuchten dagegen, ihre deutsch sprechenden Landsleute durch Boykottdrohungen dazu zu bringen, sich in der Volkszählung zur tschechischen Sprache zu bekennen.[12]

Von Zensus zu Zensus verschärften sich die Konflikte bis zu direkten Angriffen gegen die anderssprachige Gruppe wie gegen Repräsentanten der österreichischen Regierung. Die Bedeutung des Zensus überschätzten freilich Tschechen wie Deutsche gleichermaßen, denn die tatsächliche Gestaltung der Konfliktfelder, wie beispielsweise des muttersprachlichen Unterrichts, beeinflusste er nur indirekt. Die Deutung des Zensus als nationales Plebiszit erklärt jedoch, warum es den tschechischen Abgeordneten gelang, einen Gesetzentwurf im cisleithanischen Reichsrat durchzusetzen, der Nationalität im Zensus verankerte und 1910 eine Mehrheit unter den überwiegend nicht-deutschen Parlamentariern fand: »Die Ergebnisse der Volkszählung nach der Umgangssprache entsprechen [...] nicht den faktischen Verhältnissen über die Bewohnerschaft und können daher niemals eine Grundlage für die richtige Regelung irgendwelcher Verhältnisse bilden [...] Aus diesem Grunde ist es notwendig, dass bei der nächsten Volkszählung die Rubrik Umgangssprache direkt durch die Rubrik Nationalität ersetzt werde.«[13]

Erst durch die Bedeutung, welche die nationalen Gruppen dem imperialen Zensus zumaßen, gewann er in den nicht-deutschen Teilen des österreichischen Kaiserreichs eine Funktion, die in Wien nicht vorhergesehen worden war. Konzipiert als Strategie objektiver Erfassung und imperialer Kontrolle, verwandelte sich der Zensus durch die besondere Aneignung und Politisierung vor Ort innerhalb weniger Jahren in ein wirksames Instrument der Nationsbildung, die sich zunehmend gegen das Empire richtete. Imperiale Erwartung und nationale Erfahrung fielen damit weit auseinander.

Nachgeholte Modernisierung: Die Allgemeine Volkszählung von 1897 im Russischen Reich

Im autokratischen Russland gewann die einzige allgemeine Volkszählung von 1897 nicht die gleiche Bedeutung wie in der Habsburgermonarchie. Auch in Russland hatten unregelmäßige Schätzungen, sogenannte *revizii*, seit dem 18. Jahrhundert Steuerzahler und Rekruten erkennbar machen sollen. Doch erst die großen Reformen der 1860er und 1870er Jahre – vor allem die Abschaffung der Leibeigenschaft, die Städtereform mit lokalem Wahlrecht und die Einführung der allgemeinen Wehrpflicht – erforderten exakte Daten über die wachsende und wandernde Bevölkerung des Riesenreichs. Trotz des Drängens reformorientierter Beamter und Minister wie des stellvertretenden Innenministers Nikolaj Alekseevič Miljutin wurde der Plan eines modernen Zensus immer wieder aufgeschoben. Dies hatte unterschiedliche Gründe. Primär verantwortlich war die Furcht der Beamten davor, dass die statistische Sichtbarkeit einzelner ethnischer oder religiöser Gruppen Anlass zu unwillkommenen Forderungen nach politischer Teilhabe böte. Auch der offensichtliche Mangel an personellen und technischen Mitteln, 125 Millionen Menschen gleichzeitig zu zählen, trug zur ständigen Verschiebung bei, bezeichneten doch schon Zeitgenossen die 1858 gegründete Statistische Kommission in St. Petersburg als »Armee ohne Soldaten«.[14]

Die zunehmende Konkurrenz zwischen den europäischen Staaten ebenso wie die statistischen Fortschritte in den eigenen nicht-russischen Peripherien wie beispielsweise den baltischen Provinzen ließen die Beamten des Zaren das Fehlen eines gesamtrussischen Zensus immer mehr als nationale Blöße empfinden. Dem Drängen des berühmten Geographen und Gründers der Kaiserlichen Statistischen Kommission, Petr Petrovič Semenov, der als Mitglied des Internationalen Statistischen Kongresses die Fortschritte der deutschen, belgischen oder habsburgischen Statistik immer wieder neu beobachten konnte, gab die Regierung schließlich nach und beauftragte ihn mit der Durchführung der Ersten Allrussischen Volkszählung, die im Dezember 1897 stattfand.[15]

Ihre Kriterien lehnten sich direkt an die Empfehlungen des Kongresses an. Ähnlich wie in der Habsburgermonarchie wurde auch hier nach Muttersprache (*rodnoj jazyk*) gefragt, während Nationalität (*nacional'nost'*) als ein zu subjektives Kriterium abgelehnt wurde. Die lange Tradition ständischer Einteilung führte darüber hinaus zur Integration der Kategorie Stand (*soslovie*) in den Zensus, obgleich sich die Gesellschaft des ausgehenden Zarenreichs längst aus dem formalen Ständekorsett gelöst hatte. Um die unübersichtliche Fülle ethnischer Gruppen überhaupt einordnen zu können, waren die Beamten oft gezwungen, andere Kriterien als die Umgangssprache heranzuziehen. Im nördlichen Sibirien beispielsweise, das bereits seit dem 17. Jahrhundert von Russland kolonisiert worden war, überschnitten sich die sprachlichen Grenzen zwischen Russen und Nicht-Russen häufig. Vielen der russischen Siedler diente daher nicht Sprache, sondern vielmehr die Angabe ihres Standes als Bestätigung ihrer russischen Zugehörigkeit. In den westlichen Gouvernements hingegen fungierte oft Religion als Indikator für ethnische Zugehörigkeit. Orthodoxe wurden hier meist als Russen klassifiziert, Katholiken als Polen und Protestanten als Deutsche. Da eine offizielle Registrierung der Nationalität weder möglich noch erwünscht war, gaben sogar die Verwaltungsbeamten zu, dass »auch andere Merkmale, einschließlich der Konfession, herangezogen werden müssen, um diese Stämme zu definieren«.[16]

Der Einfluss des Internationalen Statistischen Kongresses war maßgeblich dafür verantwortlich, dass die formalen Kriterien der russischen Volkszählung weitgehend denen in der Habsburgermonarchie glichen. Die Reaktion der Gezählten war jedoch unterschiedlich. Der Großteil der russischen Bevölkerung begegnete der neuen staatlichen Praxis mit Gleichgültigkeit, wie die Protokolle der rund 150.000 Volkszähler, meist Lehrer, Priester oder niedere Beamte, zeigten. Auch der hohe Prozentsatz an Analphabeten trug dazu bei, dass mehr als die Hälfte der Zählungsbogen von den Zensoren selbst ausgefüllt werden musste. Gerade nichtorthodoxe Untertanen wie Altgläubige oder Juden fürchteten die Erfassung als Mittel weiterer staatlicher Unterdrückung. In den inneren, überwiegend russisch besiedelten Gouvernements, wo hohe Analphabetenraten mit geringer Politisierung einhergingen, lag eine Funktionalisierung des Zensus als politisches Instrument nicht nahe.[17]

In den multiethnischen Randgebieten im Westen des Empires, wo Alphabetisierungsquoten und der Grad der Politisierung höher lagen, konnte der Zensus hingegen eine vergleichbare Bedeutung annehmen wie in der Habsburgermonarchie. In einer lokalen Volkszählung Kievs nach 1900 begannen ukrainische

Nationalisten beispielsweise die Frage nach der »Umgangssprache« demonstrativ zu ignorieren, da sie nicht mit »Ukrainisch« beantwortet werden durfte. Auch in den baltischen Provinzen, wo Deutsche, Letten, Esten und Russen um politische Teilhabe und kulturelle Autonomie rivalisierten, wurden die regionalen Volkszählungen seit den 1860er Jahren zum Instrument der Nationsbildung. Während in den Zählungen zunächst nur nach Umgangsprache gefragt worden war, forderten die Nationalbewegungen immer vehementer die Berücksichtigung von »Nationalität« ein, um die zahlreichen deutsch akkulturierten Letten und Esten für ihre nationalen Lager verbuchen zu können. Die deutschbaltischen Statistiker, die überwiegend auch die Sitzungen des Internationalen Statistischen Kongresses besucht hatten, gingen schließlich dazu über, in ihren Zählungen von 1881 und 1913 neben »Umgangssprache« auch nach »Nationalität« zu fragen, was die ethnischen Konflikte weiter anheizen sollte: »Eine vielumstrittene Position bildet die Frage nach der Nationalität [...] Bei Ausarbeitung des baltischen Zählungsplans hat man sich nun der Überzeugung nicht verschließen können, dass weder Abstammung noch Staatszugehörigkeit noch Sprache als untrügliches Merkmal der Nationalität gelten können, und hat daher einen Weg eingeschlagen, der unseres Wissens bisher noch nirgends und nie bei einer Volkszählung betreten worden ist. Als Erläuterung zur Frage ›Nationalität‹ ist nämlich hinzugefügt worden: ›In dieser Rubrik wird der Name derjenigen Nationalität, zu welcher sich die Person nach ihrer eigenen Aussage rechnet [...] hingeschrieben.‹«[18]

Eine zweischneidige Klinge: Die Erfassung von Differenz im Osmanischen Reich

Der zunehmende Druck, den die europäischen Großmächte auf das Osmanische Reich ausübten, hinterließ seine Spuren auch in der statistischen Praxis dieses Empires. Ähnlich wie die meisten europäischen Staaten hatten osmanische Volkszählungen die Untertanen zunächst auf ihr Potenzial als Soldaten oder Steuerzahler hin klassifiziert. Frauen erschienen in der Statistik überhaupt nicht. Ebenso wenig war ethnische Zugehörigkeit für die osmanischen Beamten, die in religiösen, nicht in ethnischen Kriterien dachten, von Interesse. Religion blieb in allen Volkszählungen bis 1914 die entscheidende Markierung, nicht zuletzt weil die Säulen des Reiches, die Armee und das Steuersystem, auf ihr ruhten. Die Kennzeichnung religiöser Zugehörigkeit diente dem osmanischen Staat zugleich als Grundlage für die Eintreibung von Steuern. Nur Muslime durften in der osmanischen Armee dienen, während Christen statt des Wehrdienstes eine Zwangssteuer, die sogenannte *cizye*, leisten mussten, die zur zweitgrößten Steuerquelle des gesamten Reiches wurde.[19] Unterschiedliche Gründe motivierten den osmanischen Staat in der zweiten Jahrhunderthälfte dazu, die Volkszählung zu modernisieren.

Erstens führten wirtschaftliche Reformen innerhalb des Reiches wie das von den europäischen Großmächten erzwungene Reformedikt *Islahat Fermanı* 1856 dazu, dass sich das Sozialgefüge der Bevölkerung wandelte und die christlichen Gruppen immer mehr an wirtschaftlicher Kraft gewannen. Dieser sozioökonomische Wandel machte eine neue und genauere Erfassung der Bevölkerung auch aufgrund ihres steuerlichen Potenzials notwendig.[20] Zweitens band der rege internationale Austausch europäischer Statistiker zunehmend auch osmanische Experten ein, welche die europäischen Vorbilder in der eigenen Praxis umzusetzen suchten. Hochrangige osmanische Beamten wie Salaheddin Bey präsentierten neue Zahlen über die wachsende Bevölkerung auf der Pariser Weltausstellung 1867. In englischen Fachzeitschriften wie dem *Journal of The Royal Statistical Society* wurde der europäischen Öffentlichkeit die religiöse und ethnische Vielfalt des Osmanischen Reichs erklärt.[21]

Stärker als die inneren Reformanstrengungen des osmanischen Staates und die internationale Vernetzung der Fachleute forcierten drittens die wachsenden Nationalismen eine Intensivierung statistischer Publikationen in den 1870er Jahren. Im Vorfeld der Balkankrise wurden die Daten über die ethnische Zusammengehörigkeit der christlichen Untertanen, welche die provinzialen Jahrbücher (*vilayet salnameleri*) seit 1868 veröffentlichten, umgehend von den europäischen Großmächten als Argument für ihre Einmischung zugunsten christlicher Gruppen genutzt. So untermauerten russische Beamte und Minister ihre Ansprüche auf ein russophiles Großbulgarien mit entsprechenden Statistiken über den Anteil der orthodoxen Bevölkerung in den osmanischen Grenzprovinzen. Griechen und Albaner reagierten wiederum mit eigenen Statistiken, die zu anderen Ergebnissen über die ethnoreligiöse Zusammensetzung des Territoriums kamen. Der Kampf um Zahlen als politische Waffe fand seinen Höhepunkt bei den Verhandlungen des Berliner Kongresses im Jahr 1878, wo die Situation der christlichen Bevölkerung des Balkans auf der Tagesordnung stand. Großbritannien sandte umgehend Geographen und Militärstatistiker in die Balkanprovinzen, um mit eigenen Daten die Trennung Mazedoniens und Thrakiens vom zukünftigen Bulgarien zu begründen. Nicht zuletzt aufgrund dieser Zahlen konnte die westliche Großmacht auf dem Berliner Kongress eine Verkleinerung des neuen Staates gegenüber Russland durchsetzen.[22]

Welche politische Bedeutung die vermeintlich so unpolitischen Statistiken zunehmend annahmen, verfolgte Sultan Abdülhamid II., der 1876 den Thron bestiegen hatte, genau. Sein persönliches Interesse an der Modernisierung der osmanischen Volkszählung nach westlichem Vorbild wurde in zahlreichen Treffen mit dem amerikanischen Botschafter in Istanbul, Samuel Sullivan Cox, deutlich, der maßgeblich an der gesetzlichen Verankerung der US-amerikanischen Volkszählung beteiligt gewesen war: »In einigen Unterredungen, die ich mit dem Sultan hatte, und als Reaktion auf seinen Wissensdurst erzählte ich ihm, dass der einzige Weg, unseren (amerikanischen) Fortschritt nachzuahmen, darin bestünde, die wichtigsten Teile unseres Zensus herauszugreifen, und zwar vor allem aus dem zehnten Zensus (1880), sie entsprechend zu übersetzen und im eigenen Land anzuwenden. Er würde sogleich sehen, welche Vorteile ein guter Zensus für die Nutzung der unendlichen Ressourcen seines eigenen Reiches böte.« Nachdem Abdülhamid Kopien des amerikanischen Zensus durchgesehen hatte, so Cox weiter, »und dessen Nützlichkeit sofort realisierte [...] erinnerte er mich an unser Gespräch über einen Zensus für sein eigenes Land und berichtete, er hätte seinen Großwesir, Kamil Pascha, damit beauftragt, eine entsprechende Kommission einzuberufen, um mit dem Werk sogleich zu beginnen.«[23]

Wie notwendig moderne Bevölkerungsstatistiken für das politische Überleben des Osmanischen Reichs wurden, hatte der Berliner Kongress deutlich gezeigt. Unter dem Druck des reformorientierten Sultans kam es bereits 1881/82 zu einer systematischen Zählung in fast allen Provinzen. Zwar ließen sich maßgebliche europäische Standards wie Gleichzeitigkeit und persönliche Zählung nicht durchsetzen, auch das Zusammentragen der Daten zog sich über Jahre hin, und ethnische Zugehörigkeit blieb nach wie vor unberücksichtigt. Trotz dieser Einschränkungen stellte die Zählung von 1881/82 die genaueste und vollständigste Abbildung der osmanischen Bevölkerung im ganzen 19. Jahrhundert dar, zumal Frauen, trotz aller Schwierigkeiten, in die Privatsphäre des muslimischen Hauses einzudringen, diesmal mitgezählt wurden.

Je stärker die Beamten des Osmanischen Reichs die europäischen statistischen Erhebungen nachzuahmen suchten, umso mehr wurden die aussagekräftigen Daten von den Gegnern des Empires für ihre eigenen Interessen genutzt. Besonderes Interesse fanden die ethnographischen Daten, welche die provinzialen Jahrbücher veröffentlichten, in den neu gegründeten Staaten Serbien, Bulgarien und Rumänien, die auf dieser Basis eine Erweiterung ihres Territoriums forderten. Auch muslimische Gruppen wie die Kurden oder die Araber Syriens begannen, die Zahlen heranzuziehen, um ihrer Forderung nach begrenzter Autonomie Nachdruck zu verschaffen. Die internationale Dimension, die der Kampf um Zahlen im Osmanischen Reich annehmen konnte, wurde im Falle der Armenier besonders deutlich.[24]

Vor 1878 hatte es kaum Daten über die nummerische Stärke der armenischen Bevölkerung gegeben, obgleich sie als eine der wirtschaftlich erfolgreichsten christlichen Gruppen des gesamten Empires galt. Nach dem Berliner Kongress kam es hingegen zu einer Fülle an Informationen als Folge rivalisierender internationaler und nationaler Interessen. Die britische Regierung war in Berlin mit der Kontrolle von Reformen in den sechs osmanischen Provinzen beauftragt worden, deren christliche Bevölkerung überwiegend aus Armeniern bestand. Dieses Mandat nutzte die britische Regierung, um ihren Einfluss zugunsten und mithilfe der christlichen Gruppen zu erweitern – was wiederum zu Konflikten mit der russischen Regierung führte, die ihre Macht nach dem bulgarischen Erfolg ebenfalls in das östliche Anatolien ausdehnen wollte. Den Armeniern selbst ging es vor allem darum, eine gewisse nationale Autonomie innerhalb des geschwächten Reiches mit Hilfe geeigneter Statistiken durchzusetzen.[25]

Die Umsetzung der auf dem Berliner Kongress vereinbarten sozialen und wirtschaftlichen Reformen hing von möglichst genauen Informationen über die ethnographische Ausgangslage ab. Daher stationierte die mit den Reformen beauftragte britische Regierung zahlreiche Militärstatistiker und Kartographen im östlichen Anatolien, um neutrale und genaue Informationen zu erhalten. In der Folge kam es zu einem lang anhaltenden Konflikt zwischen den britischen Offizieren vor Ort und dem armenischen Patriarch Nerces, der die von ihm geforderten Zahlen zugunsten der Armenier und auf Kosten der Muslime fälschte. Die Verletzung der vertraglich vereinbarten Zusammenarbeit brachte den zuständigen Offizier, Major Henry Trotter, dazu, die auf falschen Zahlen basierenden Ansprüche der Armenier zurückzuweisen: »Ich kann jedoch die Richtigkeit der Statistiken in diesem Dokument nicht anerkennen, die, soweit ich sehe, dieselben sind, die während des Berliner Kongresses vorgelegt wurden. Ich habe guten Grund, anzunehmen, dass eine Vervielfachung der christlichen Bewohner um etwa vierzig Prozent die Wahrheit angemessen wiedergeben würde.«[26]

Die britischen Bemühungen vor Ort, die sich maßgeblich auch auf die Angaben des osmanischen Zensus von 1881 stützten, mündeten in einer Fülle zuverlässiger und detaillierter Studien über die ethnische und religiöse Zusammensetzung des östlichen Anatoliens. Entgegen ihrer Absicht, die christlichen Gruppen zu unterstützen und dadurch den eigenen Einfluss zu erweitern, trugen sie dazu bei, die Kontroverse über die tatsächliche Zahl und Rolle der Armenier weiter eskalieren zu lassen. Denn ebenso wie Armenier und türkische Muslime ihre divergierenden Ansprüche innerhalb des Osmanischen Reichs auf immer neue Statistiken stützten, versuchten auch Großbritannien und Russland ihre Ansprüche auf Intervention von außen durch Zahlen zu legitimieren, deren »Objektivität« in der komplexen Gemengelage der Peripherie zunehmend zur Illusion wurde.

Zähle und herrsche! Die Politisierung von Kaste im All-India-Census

Die sozialen Probleme, denen England durch seine frühe Industrialisierung ausgesetzt war, spiegelten sich in seiner Pionierrolle für das moderne statistische Denken wider. Bereits seit 1801 wurden hier alle zehn Jahre Volkszählungen durchgeführt, die neben steuerlichen Interessen auch medizinischen Reformen und der Armenpflege dienen sollten. Daher fragten die Ermittler vor allem nach sozialen und ökonomischen Charakteristika wie Beruf oder Einkommen, wogegen kulturelle Kriterien wie Sprache oder Konfession keine Rolle spielten. Insbesondere das religiöse Bekenntnis fand keinen Eingang in den staatlichen Fragebogen, um Debatten über das anglikanische Selbstbild einer politisch und religiös geeinten Nation gar nicht erst aufkommen zu lassen.[27]

Die Zählung und Klassifizierung der Bevölkerung erschien nicht nur für das Mutterland unabdingbar, sondern wurde im Zuge verstärkter Expansion auch für die außereuropäischen Kolonien zum Thema. Vor allem der traumatische Schock des großen indischen Aufstands, der *Indian Mutiny* von 1857, ließ es notwendiger denn je erscheinen, die indische Gesellschaft nicht nur zu beherrschen, sondern auch zu kennen.[28] Mit der Abschaffung der East India Company 1858 und der formalen Unterstellung Indiens unter die britische Krone wurden erste Schritte zu einer stärkeren Integration des Subkontinents in den imperialen Reichsverband unternommen. Mehr Kenntnis versprachen sich die Briten von der Einführung eines All-India-Census im Jahr 1871, der bis 1931 in Kraft bleiben sollte. Drei zentrale Motive waren für seine Einführung verantwortlich.

Erstens erschien mehr Wissen über die indische Bevölkerung für eine stabile Herrschaft unabdingbar. Der Aufstand von 1857 hatte den britischen Kolonialbeamten deutlich gezeigt, dass man Kenntnisse brauchte, die über Wirtschaft und Verkehr hinausgingen und Kultur und Gesellschaft einschlossen, um stabil und »gerecht« – so der zivilisatorische Anspruch der Briten – herrschen zu können: »Ohne genaue Zahlen fehlt die Basis, auf der sich zutreffende Einschätzungen über das Wachstum der Bevölkerung gründen lassen [...] über das Ausmaß lokaler und imperialer Steuern, die Organisation eines angemessenen Rechts- und Polizeisystems ebenso wie über die Verbreitung von Bildung und öffentlicher Wohlfahrt«, argumentierte der britische Zensuskommissar H. Beverley am Vorabend der ersten anglo-indischen Volkszählung 1871.[29]

Zweitens war es die Suche nach Allianzen, die nach der Erfahrung des Aufstands besonders dringlich erschien. Geeignete Gruppen mussten gefunden werden, welche die bengalischen Urheber des Aufstands in der indischen Armee ersetzen konnten. Neue Eliten mussten gewonnen werden, die man auf Provinzebene mit beschränkter politischer Macht ausstatten konnte, um die knappen Personalressourcen der britischen Verwaltung zu verstärken. Ebenso war die Kolonialverwaltung darauf angewiesen, geeignete Gruppen zu rekrutieren, welche die Teeplantagen Ceylons bewirtschaften konnten oder für den indischen Eisenbahnbau einsetzbar waren, was eine genaue Kenntnis der sozialen Hierarchie Indiens erforderte. Die Verbindung von kulturellen Kategorien mit der »Eignung« (*capacity*), koloniale Projekte umzusetzen, war in Großbritannien selbst unvorstellbar und unterschied das imperiale Zentrum markant von seiner indischen Peripherie.[30]

Drittens schließlich stimulierte auch das intellektuelle Klima in Europa das britische Interesse an der Ethnographie Indiens. Neue Disziplinen wie Ethnologie, Geographie, Biologie und politische Ökonomie gewannen im Mutterland immer mehr an Bedeutung und wurden dort universitär integriert. Auch Beförderungen in der indischen Kolonialverwaltung waren zunehmend an wissenschaftliche Qualifikationen gebunden. Dies schlug sich auch in den Aufgaben der Administration nieder, die kurz nach der Formalisierung der britischen Herrschaft damit begann, die *Indian District Gazetters* herauszugeben, die ausführliche Beschreibungen von Topographie, Bevölkerung und Politik lieferten.[31]

Solche Gründe waren maßgeblich für die Durchführung gesamtindischer Volkszählungen verantwortlich, die seit 1871 im zehnjährigen Abstand stattfanden. Der erste Zensus sollte für ganz Indien »Alter, Kaste, Sprache, Religion, Beruf, Ausbildung und Gebrechen der Bevölkerung« ermitteln, wie die britische Regierung bekanntgab.[32] Damit wurden in Indien genau jene kulturellen Kategorien favorisiert, die man für die metropolitane Gesellschaft Großbritanniens abgelehnt hatte. Ein Kriterium war für europäische Beobachter dabei völlig neu: *Caste*. Wie die Briten auf Kaste als dominantes Merkmal gekommen waren und was der Begriff für die Zeitgenossen bedeutete, hat Susan Bayly in einer brillanten Studie zum Kastenwesen herausgearbeitet.[33] Als Parameter sozialer und religiöser Hierarchie hatten die indischen Begriffe *jati* (Geburtsgruppe) und *varna* (Status) seit Jahrhunderten ein Element der indischen Lebenswelt gebildet und Teile der Gesellschaft in erbliche Gruppen eingeteilt, die sozial, beruflich und religiös getrennt voneinander agierten. Heirat, Nahrungsaufnahme und Gebet fanden innerhalb der eigenen Kaste statt, Arbeitsteilung erfolgte entlang dieser Linie, und die gesellschaftliche Hierarchie, der Status, wurde dadurch bestimmt.

Große Teile des Subkontinents waren vor 1800 davon jedoch nur wenig berührt worden, ebenso wie die Grenzen zwischen den Kasten durchlässig gewesen waren. Die regionale und soziale Begrenztheit des Kastenwesens begann sich erst seit Beginn des 19. Jahrhunderts zu ändern. Die Abholzung großer Flächen, die enorme Bevölkerungswanderung und die dynamische wirtschaftliche Erschließung brachten eine unübersichtliche Lebenswelt mit sich, in der viele Inder Vorteile darin sahen, sich und andere durch ein rigides System sozioreligiöser Hierarchie verorten zu können. Mit der Einführung von Kaste knüpften die Briten an diesen vorhandenen Trend an und kodifizierten ihn neu, in der Hoffnung, Schneisen in das Dickicht der sozialen Hierarchie zu schlagen. Die große Vielfalt der Kasten galt es zu ordnen und zu standardisieren, ihre jeweiligen Merkmale zu beschreiben und sie schließlich zu hierarchisieren, um die britischen Bedürfnisse nach Kontrolle, Kenntnis und Kooperation zu befriedigen.

Bei der Suche nach geeigneten Mitarbeitern wandten sich die britischen Kolonialbeamten, Statistiker oder Geographen zunächst an die alphabetisierten Brahmanen und andere gebildete Kasten. Diese Gruppen bemühten sich aber besonders darum, ihren vorkolonialen Status aufrechtzuerhalten oder gar zu verbessern, weshalb sie den Briten bevorzugt ein Gesellschaftsbild strenger Kastenschranken vermittelten, das die relative Offenheit der Realität vernachlässigte. Ebenso aktiv nahmen Zähler und zu Zählende das koloniale Projekt in die Hand und drückten ihm ihren Stempel auf. Den ersten Zensus von 1871 führten 500.000 gebildete und lokal einflussreiche Inder durch, welche die Frage nach ihrer eigenen Einordnung wie die der zu Zählenden meist gemäß der eigenen Interessen beantworteten. Mit der Hierarchisierung von »Kaste« und »Rasse«, die der für den Zensus verantwortliche Kolonialbeamte J. Risley seit 1901 einführte, verstärkte sich die Funktion des Zensus als Indikator sozialer Stellung noch und führte zu einer neuen Realität von Kaste im Alltag.[34]

Entscheidenden Anteil an der Konsolidierung des Kastenwesens hatten aber auch jene Gruppen, die durch die Modernisierung des Landes an Sicherheit verloren hatten. Im Kampf gegen ihren sinkenden sozialen Status gingen die Landbesitzer dazu über, Kleinbauern, Landarbeiter und Tagelöhner qua Kaste stärker unterzuordnen, die dieses Muster wiederum nach unten weitergaben. Waren die gegenseitigen Beziehungen um 1800 primär durch Landbesitz, also ökonomisch-rechtlich geprägt, so wurden sie um 1900 tendenziell durch Kastenzugehörigkeit, also durch die Kombination beruflicher, sozialer und religiöser Kennzeichen bestimmt.[35]

Welche Dynamik vor allem die Fragen des Zensus nach Kaste und Religion entfalteten, zeigen zwei Beispiele. Als die britische Kolonialregierung erste Schritte zur begrenzten politischen Mitbestimmung auf lokaler Ebene plante, forderte eine Gruppe prominenter Muslime den indischen Vizekönig, Lord Minto, dazu auf, den Muslimen Möglichkeiten eigener Partizipation in der zukünftigen Selbstverwaltung zu geben. Die Argumente für eine bestimmte Anzahl von Sitzen gründeten sich auf die Angaben des Zensus von 1901. Diese Argumentation, die politische Machtverteilung an statistische Daten band und damit Traditionen des englischen Mutterlands aufnahm, überzeugte die britische Kolonialregierung so weitgehend, dass sie 1909 die sogenannten Morley-Minto-Reformen durchsetzte, die getrennte Wahlen für Muslime und Hindus vorsahen.[36]

Vor allem aber nutzten die hinduistischen Intellektuellen den Zensus für ihre politischen Ziele, indem sie ihre Vision eines neuen spirituellen Indiens maßgeblich auf das Kriterium Kaste gründeten. Sie wurde von ihnen als kommunitaristisches Solidaritätsprinzip interpretiert und seine sozioreligiöse Tradition zeitgenössisch aktualisiert. Als Folge dieser Neuinterpretation bildeten sich seit 1880 hunderte von Kastengesellschaften heraus, die dem Muster der europäischen Vereinskultur ähnelten. Eine der größten Kastengesellschaften war die *Kayastha Pathshala*, die nicht nur eine Vielzahl von Schulen und gemeinnützigen Institutionen betrieb, sondern ebenso zum zentralen Forum nationaler Aktivisten wurde. Dieselben Männer, die hier auf provinzialer Ebene Kaste als Quelle gemeinsamer Identität verteidigten, proklamierten im Indischen Nationalkongress die nationale Unabhängigkeit von der Kolonialmacht. Paradoxerweise begann sich damit genau jenes Werkzeug, das als Kontrollinstrument des Britischen Empires entworfen worden war, gegen seine imperialen Erfinder zu wenden. Denn gerade das wachsende Zusammengehörigkeitsgefühl innerhalb der Kasten katalysierte den indischen Nationalismus, der sich aus den *caste associations* entwickelt hatte.[37]

Das Ineinandergreifen dieser unterschiedlichen Faktoren führte dazu, dass die Kategorie Kaste sich in den ersten Jahrzehnten des 20. Jahrhunderts als zentrales Gliederungsmerkmal der indischen Gesellschaft einbürgerte und erfahrbare Bedeutung im Leben aller Inder gewann. Hatte das Kastenwesen um 1800 ein sozial vergleichsweise durchlässiges und geographisch ungleich verbreitetes Phänomen dargestellt, so prägte es um 1900 als feste soziale Ordnung den Großteil des Subkontinents. Doch die These, dass der britische Kolonialismus das Kastenwesen erfunden hätte, hält einer differenzierten Analyse der indischen *agency* nicht stand. Mit der Übertragung der Volkszählung als statistischer Praxis von Europa nach Indien knüpfte der britische Kolonialismus vielmehr an tradierte Normen gesellschaftlicher Hierarchie an. Indem er aber neue Techniken zu ihrer Erfassung, Verschriftlichung und Hierarchisierung entwarf, verschärfte sich die Bedeutung von Kaste im indischen Alltag maßgeblich. Ähnlich aktiv waren allerdings auch die Inder selbst an der Entwicklung des Zensus beteiligt. Nicht nur die Daten, die sie den Briten lieferten, entsprangen und entsprachen oft ihren eigenen Interessen an der Stabilisierung und Erhöhung ihrer sozialen Stellung in einer unübersichtlicher gewordenen Umwelt. Die fester werdenden Außengrenzen verstärkten auch das innere Zusammengehörigkeitsgefühl, das dem kommunitaristischen Nationalismus eines Mahatma Gandhi seine soziale Basis gab. Erst die Relativierung jener starren Dichotomien von Kolonisierern und Kolonisierten, die von Teilen der postkolonialen Forschung lange vertreten worden sind, ermöglicht es, diese Umdeutung und Aneignung imperialer Mittel durch die kolonialen Akteure wahrzunehmen und die Zusammenarbeit und gegenseitige Abhängigkeit zwischen beiden Gruppen deutlich werden zu lassen.

Fazit: Der imperiale Zensus zwischen Peripherie und Zentrum

Empires waren mit anderen Realitäten konfrontiert als Nationalstaaten. Unbekannte Räume zu erschließen, fremde Gesellschaften zu beherrschen und eine neue Ordnung herzustellen, war eine Aufgabe, die das Gros der Eliten in London, Wien, St. Petersburg oder Istanbul als zentralen Teil ihres imperialen Selbstverständnisses ansahen. Neben großen Infrastrukturprojekten, wie dem Bau des Suez-Kanals, der Transsibirischen Eisenbahn, der osmanischen Hedschas-Bahn oder der zahlreichen afrikanischen Eisenbahnlinien und neben neuartigen Vermessungen und Kartenproduktionen, wie Carl von Czoernigs *Ethnographischer Karte der Österreichischen Monarchie* von 1857, sollten auch Volkszählungen diesem Ziel dienen. Konzipiert von den europäischen Nationalstaaten als Antwort auf Bevölkerungsexplosion, Massenwanderung und soziale Frage, wurden sie nach 1850 zunehmend von den Empires übernommen. Deren ethnisch heterogene Bevölkerung ließ sie als Klassifizierungsinstrument umso nötiger erscheinen. Solche Übernahmen waren keine anonymen Prozesse oder theoretischen Nachahmungen, sondern hatten konkrete Orte und handelnde Personen. Auf den Treffen des Internationalen Statistischen Kongresses wurde die Volkszählung als Instrument des Nationalstaats zur Herstellung einer modernen Ordnung präsentiert, von den Akteuren der Empires übernommen und ihren jeweiligen Gegebenheiten angepasst. Bei der Durchsetzung dieser Herrschaftsstrategie lassen sich Ähnlichkeiten und Unterschiede zwischen der Habsburgermonarchie, Russland, dem Osmanischen Reich und dem Britischen Empire beobachten.

In allen Empires diente die Registrierung der männlichen Bevölkerung seit der frühen Neuzeit dem Zweck, Steuerzahler und Soldaten zu identifizieren. Während dieses Motiv im Osmanischen Reich auch nach 1850 dominierte, fungierten regelmäßige Volkszählungen in der konstitutionellen Habsburgermonarchie zunehmend als Grundlage politischer und sozialer Reformen. So gründete das 1867 eingeführte Reichsgericht seine Entscheidungen über die Einhaltung des Verfassungsprinzips der »Gleichberechtigung der Nationalitäten« unter anderem auf die Daten der Volkszählung. Ebenso wurden sie zur Einteilung der neuen Wahlbezirke herangezogen, die das allgemeine gleiche Wahlrecht 1907 nötig gemacht hatte. Eine ähnliche Absicht begrenzter politischer Inklusion verfolgte die britische Verwaltung in Indien, als sie die lokale Mitbestimmung in den Morley-Minto-Reformen 1909 auf die Daten des Zensus gründete.

Im Gegensatz dazu wurde die Volkszählung vom Russischen Reich zunehmend zur ethnischen Exklusion benutzt. So unterstützten die statistischen Daten die Einführung ethnisch getrennter Wahlkurien in den Westprovinzen im Jahr 1910/11, mit denen der russische Stimmenanteil isoliert und stabilisiert wurde, während die polnische Oberschicht massiv geschwächt werden sollte. In seiner Begründung für das Gesetz bezeichnete Premierminister Stolypin die Regierung als »Vertreterin eines

nationalrussischen Herrschaftsanspruchs, die nicht unpartei-
ische Schiedsrichterin in dem russischen und polnischen Wett-
kampf sein dürfe«.[38] Radikaler noch wurden die Zahlen im Ersten
Weltkrieg zur Markierung von Deutschen, Polen, Juden oder
Muslimen eingesetzt, deren Unterdrückung, Enteignung oder
Deportation einer russischen Nationalisierung des Empires
dienen sollte.[39]

Der Unterschied zwischen maritimen und kontinentalen
Empires, und damit auch zwischen westlichen und östlichen
Großreichen, scheint für den Umgang mit ihren multiethnischen
Gesellschaften mithin weniger entscheidend gewesen zu sein. Für
welche Zwecke die Volkszählung »von oben« herangezogen
wurde, hing vielmehr von der politischen Verfasstheit der Empires, der traditionellen Vorstellung supranationaler Herrschaft
oder der Idee einer nationalstaatlichen Ordnung ab.

Während die Funktionalisierung »von oben« daher grundle-
gende Unterschiede aufwies, waren die Reaktionen »von unten«
zwar im Einzelnen verschieden, strukturell aber ähnlich. Vor
allem in jenen multiethnischen Peripherien der Empires, in
denen die Gesellschaften alphabetisiert und politisch mobilisiert
waren, gewann die Volkszählung oft eine eigenständige Dynamik, die im Zentrum so nicht vorgesehen war. So nahm der 1880
in der Habsburgermonarchie eingeführte Zensus in den nicht-
deutschen Regionen bald den Charakter nationaler Wahlkämpfe
an und wurde von den Tschechen erfolgreich für eine Gesetzes-
änderung instrumentalisiert. Ähnlich wurden Zählungen in den
westlichen Gouvernements Russlands oder in den christlichen
Provinzen des Osmanischen Reichs von den entstehenden Nationalbewegungen zur Legitimierung ihrer politischen Interessen herangezogen. In Indien führte die wiederkehrende Realität
des britischen All-India-Census mit seiner Kodifizierung von
Kaste zu einer Aneignung und Neudeutung von Kaste als nationales Solidaritätsprinzip, das sich schließlich gegen seine imperialen Autoren richtete und dem kommunitaristischen Nationalismus eines Mahatma Gandhis eine ideologische und soziale
Basis gab.

Der böhmische Fall ebenso wie das indische Beispiel lassen
sich in unterschiedlicher Form und abgestufter Intensität in

vielen multiethnischen Peripherien der Empires beobachten. Herkömmliche Bilder von imperialer und kolonialer Erfahrung als Gegensatz von Herrschaft und Unterdrückung werden dadurch in Frage gestellt. Denn nirgendwo mehr ließ sich imperiale Herrschaft im 19. Jahrhundert so umsetzen wie ursprünglich geplant. Vielmehr wurden imperiale Strategien von den ethnischen Gruppen umgedeutet, angeeignet und zugunsten eigener Interessen umgewandelt, die sich oft gegen das Empire richteten. Eine besondere Variante dieses europäischen Musters stellte das Osmanische Reich dar. Hier wurden die Volkszählungen nicht nur von Bulgaren, Griechen, Armeniern oder Arabern zur Legitimierung politischer Ansprüche herangezogen. Gleichzeitig begannen auch die europäischen Staaten, die modernisierten Statistiken zugunsten ihrer eigenen Interessen auf osmanischem Territorium zu nutzen. Diese Verwandlung eines imperialen Herrschaftsmittels in ein Medium nationaler Opposition wie auch in ein internationales Machtinstrument blieb eine Besonderheit des Osmanischen Reichs.

Dieses Ergebnis des Vergleichs imperialer Strategien stellt die immer noch dominierende Vorstellung klarer Dichotomien zwischen Kolonisierern und Kolonisierten in Frage. Die ambivalente Aneignung und Neudeutung des imperialen Zensus im kolonialen Alltag deuten darauf hin, dass man zwischen »imperialen« und »kolonialen« Handlungsräumen und Akteuren nicht so eindeutig unterscheiden kann, wie es die Forschung lange Zeit getan hat. Vielmehr gewinnt das situative Zusammenspiel und Aufeinandertreffen der Akteure vor Ort an Bedeutung und damit die Frage, warum und in welchem Kontext imperiale Herrschaftsstrategien sich in Instrumente der Kolonisierten verwandelten, deren unvorhersehbare Dynamik den traditionellen Handlungsspielraum der Empires zunehmend einengte.

Die imperiale Waffenbruderschaft im Weltkrieg: Australien entsandte sofort nach Kriegsbeginn 1914 über 20.000 Mann zur Unterstützung Großbritanniens, Kanada eine Division. Am Ende des Krieges standen allein
über eine Million indischer Soldaten unter Waffen.

4. Nationen in Waffen? Die Empires und die Wehrpflicht

So wie Kriegserfahrungen die frühneuzeitliche Staatsbildung maßgeblich prägten, so waren sie auch für moderne Nationsbildungsprozesse im Europa des 19. Jahrhunderts bestimmend. Dabei griff langfristig die Massenkriegsführung, wie sie sich seit der Französischen Revolution entwickelt hatte, immer umfassender auf alle Gruppen der Gesellschaft zurück. Indem die Gesellschaft als Nation in Waffen unentbehrlich für die moderne Kriegführung zu werden schien, erfuhr der Krieg zugleich eine tendenzielle Demokratisierung. Einerseits trieb diese Entwicklung die neue nationale Legitimation staatlichen Handelns voran, andererseits provozierte sie neuartige Ansprüche der Staatsbürger auf gleichberechtigte Anerkennung und politisch-soziale Teilhabe an der Nation. Das bedeutete bereits für die Nationalstaaten des langen 19. Jahrhunderts eine besondere Herausforderung. Für die Großreiche mit ihren multiethnischen und multireligiösen Gesellschaften wurde diese Konstellation zu einer Überlebensfrage.[1]

Die Militärtheorie antizipierte diese Entwicklung bereits zu Beginn des 19. Jahrhunderts. Für Carl von Clausewitz lief die Erfahrung der Kriege seit 1792 auf ein neuartiges Zusammenwirken von kriegerischer Gewalt und Nation hinaus. Daher entwickelte er ein neues Verständnis des Krieges, wenn er hervorhob, »welch ein ungeheurer Faktor in dem Produkt der Staats-, Kriegs- und Streitkräfte das Herz und die Gesinnung der Nation« sei.[2] Diese Verbindung zwischen Nation und Krieg wurde seit den Kriegserfahrungen zwischen 1792 und 1815 zu einem prägenden Kennzeichen etablierter und neuer Nationalstaaten. Die zeitgenössischen Begriffe *Nationalkrieg* und *Volkskrieg* nahmen darauf Bezug, indem sie auch den Zusammenhang zwischen Kriegführung und staatsbürgerlicher Partizipation hervorhoben. Der zeitgenössische Begriff des Volkskrieges repräsentierte dabei die Tendenz zur militärischen Selbstmobilisierung der Nation, stellte aber auch das traditionelle Gewaltmonopol des Staates in Frage. Auf diese Herausforderung reagierte der bürokratisch-zentralistische Staat seit der Französischen Revolution bereits in den 1790er Jahren mit scharfer Kontrolle und Lenkung von oben. Der Krieg mit regulären Wehrpflichtarmeen stellte vor diesem Hintergrund den Versuch dar, die Mobilisierung des Volkes staatlich zu organisieren und militärisch zu lenken. Sowohl das Napoleonische Frankreich als auch Preußen in den Kriegen gegen Napoleon standen für dieses Prinzip. Vor allem wurde die Bellizität – verstanden als Ausweis der Kriegsfähigkeit auf der Basis nationaler Mobilisierung und Teilhabe – zu einem entscheidenden Kennzeichen nationalstaatlicher Akteure. In der Betonung des Kriegserlebnisses trafen sich Nations- und Staatsbildung und verstärkten sich gegenseitig.[3]

Diese Konstellation konfrontierte die multiethnischen Großreiche gleich mehrfach mit neuen Gefahren: Durch binnenimperiale Nationalbewegungen wie im Falle des Osmanischen Reichs, durch die Vermehrung außenpolitischer Akteure, durch die Konflikte um Grenzräume und ethnisch gemischte Bevölkerungen und ihre sicherheitspolitischen Interessen gerieten sie unter Druck. Zudem unterstrichen die Erfolge der italienischen und deutschen Nationalstaatsbildung zwischen 1859 und 1871 die neue Dimension nationalstaatlicher Bellizität auf der Basis von Massenarmeen. Schließlich erlebten die Großreiche selbst, wie Kriege die Effizienz politischer Herrschaft auf die Probe stellten, so etwa Russland während des Krimkriegs 1854/55, die Habsburgermonarchie in den Kriegen von 1859 sowie 1866, das Osmanische Reich seit den 1870er Jahren und vor allem vor 1914 sowie das Britische Empire im Burenkrieg der 1890er Jahre. Die Wirkungskraft des nationalstaatlichen Wehrpflichtmodells, wie es die Französische Revolution und zumal die Jakobiner im Verlauf der 1790er Jahre theoretisch und Preußen in der praktischen Durchführung ohne Ausnahmen repräsentierten, entfaltete sich in der zweiten Hälfte des 19. Jahrhunderts immer deutlicher. Ihm konnten sich auch die multiethnischen Großreiche nicht entziehen, während es sie zugleich mit den Problemen ihrer multiethnischen Strukturen konfrontierte. In der Regel vollzog sich der Übergang zur Wehrpflicht parallel zur Gründung neuer Nationalstaaten, so 1862 im Königreich Italien, im Deutschen Reich 1870/71 und in Bulgarien 1878/79. Der britische General Sir Ian Hamilton bezeichnete den allgemeinen Militärdienst 1910 als »den größten Motor, den die Welt je gesehen hat, um einen besonderen Typus menschliches Geistes und Körpers herzustellen«.[4] Wie aber reagierte man in den ganz unterschiedlichen Kontexten multiethnischer Großreiche auf diese Veränderungen, und wie setzte man sich mit dem nationalstaatlichen Modell der Nation in Waffen auseinander?

Eine »Schule des Volkes«? Das multiethnische Militär in der Habsburgermonarchie

Anders als im Russischen Reich machte die größte ethnische Gruppe in der Habsburgermonarchie lediglich 24 Prozent der Gesamtbevölkerung aus, was die Armee als staatliches Integrationsmittel vor besondere Probleme stellte.[5] Dieser Tatsache musste auch die Umsetzung der allgemeinen Wehrpflicht Rechnung tragen. Die Armeereform auf der Basis eines neuen Wehrgesetzes folgte der Niederlage gegen Italien und Frankreich 1859/61 und gegen Preußen 1866. Die Auseinandersetzung mit dem nationalstaatlichen Wehrpflichtmodell wurde nun zwingend. Die Kaiserliche Verordnung vom Dezember 1866 betonte, dass die »traurigen Erfahrungen Oesterreichs bereits die äußerste Rührigkeit und Energie anderer europäischer Mächte zu tiefgreifenden Reformen in allen Zweigen des Heerwesens geweckt« hätten. Die Bevölkerung erkenne angesichts der Niederlage, »dass nur ein Wehrsystem, welches alle Elemente des Volks unter den Fahnen vereinigt, den Forderungen der Zeit entspricht«. Dem entsprach eine Militärorganisation, die als Wehrpflichtarmee der personal-dynastischen Zentralfigur des Kaisers unterstellt war. So sollten die k.u.k.-Armee und ihr Oberbefehlshaber die Idee eines dynastisch integrierten »Vaterlandes« umsetzen. Das Wehrgesetz vom Dezember 1868 führte zunächst zu einer multiethnischen Zusammensetzung der Mannschaften, die in bis zu zehn verschiedenen Sprachen auf den Oberbefehlshaber vereidigt wurden. Eine Gegenüberstellung der multiethnischen Strukturen des Großreichs und der ethnischen Anteile innerhalb der Mannschaften dokumentierte eine relative Proportionalität. Die Hoffnung der Zeitgenossen konzentrierte sich denn auch auf den »gemeinsamen Rock«, der die »österreichischen Völker« verbinden sollte, wo die politischen Spannungen nicht ohne Weiteres abzubauen waren.[6]

Obgleich man politisch eine Vermischung der ethnischen Gruppen anstrebte, gab es auch Regimenter, die nur aus einem bestimmten Gebiet rekrutiert wurden und damit die ethnische Trennung innerhalb der Armee fortsetzten. Im Jahr 1895 wurden aber in 48 von 102 Infanterieregimentern zwei, mitunter sogar drei Sprachen gesprochen. Dennoch blieb Deutsch die vorherrschende Dienstsprache der Armee, zumal der Anteil der Deutschen bei den Berufsoffizieren 1900 bei über 55 Prozent lag. Neben der offiziellen Dienstsprache existierten auch spezifische Regimentssprachen, die von Offizieren und Unteroffizieren beherrscht werden mussten, sobald eine Sprache von mindestens zwanzig Prozent der Mannschaften gesprochen wurde, was bei den meisten Einheiten der Fall war. Insofern spiegelte die Sprachpraxis der Truppenteile die Realität einer multiethnischen Armee: 142 Einheiten wiesen nur eine Sprache auf, 163 zwei Sprachen, 24 drei und einige sogar vier oder fünf Regimentssprachen.[7]

Förderten die zahlreichen Veteranenvereine nach 1870 die Entwicklung supranationaler Staatsvorstellungen, zeigten sich in Ungarn die Probleme einer multiethnischen Armee als imperiale Integrationsklammer. Denn Ungarn war im Zuge der Einführung der allgemeinen Wehrpflicht eine weitreichende Sonderstellung eingeräumt worden, indem es neben der k.u.k.-Landwehr eine eigene königlich-ungarische Landwehr, die Honvéd, aufstellen durfte. Sie wurde vor 1914 immer mehr zu einer ethnischen Ersatzformation, die dem Gedanken einer multiethnischen Armee widersprach. Die Folge waren zahllose Konflikte zwischen den einzelnen Reichsteilen. Insbesondere in der Frage der jährlich zu stellenden Rekrutenzahlen kam es zwischen den Regierungen in Wien und Ungarn zu Konflikten, die darauf zurückzuführen waren, dass nominell beide Reichsteile den Planungen zustimmen mussten. Zwischen 1902 und 1905 genehmigte der ungarische Reichstag jedoch nicht die im Gesetz vorgeschriebenen Rekrutenzahlen, so dass sich der Kaiser anlässlich der gemeinsamen Herbstmanöver 1903 in einem viel zitierten Oberbefehl gezwungen sah, die gemeinsame Armee als Grundlage für die Einheit der Habsburgermonarchie hervorzuheben.[8]

Deutlich trat seit den 1870er Jahren auch die kontroverse Bewertung der allgemeinen Wehrpflicht zwischen den politischen Parteien hervor. Hier wurde die Auseinandersetzung mit dem Vorbild der kontinentaleuropäischen Nationalstaaten besonders deutlich, vor allem mit den durch Kriege etablierten neuen Nationalstaaten Deutschland und Italien, während die Kontroversen zugleich die besonderen Probleme einer multiethnischen Wehrpflichtarmee widerspiegelten. Am Ende der 1860er Jahre hatten zunächst alle politischen Kräfte die prinzipielle Notwendigkeit der allgemeinen Wehrpflicht mit Blick auf die europäische Entwicklung anerkannt. Die *Neue Freie Presse* betonte im Oktober 1868: »Kein europäischer Staat kann sich der allgemeinen Wehrpflicht entziehen. Nur die Form, in welche dieselbe zur Ausführung gelangen soll, ist ein Gegenstand der Frage.«[9]

Die multiethnische Struktur des Großreichs führte jedoch auch zur Suche nach Alternativen. So befürworteten föderalistisch orientierte Abgeordnete in Wien einen Verzicht auf die Einführung der Wehrpflicht zugunsten eines dezentralen Milizsystems. Klassisch-republikanische Vorstellungen einer allgemeinen Volksbewaffnung aufnehmend, forderte die sich bildende österreichische Arbeiterpartei 1874 die generelle Abschaffung des stehenden Heeres zugunsten eines Volks in Waffen. In Militärkreisen aber fürchtete man genau dies: Zu sehr erinnerte die Forderung nach einer allgemeinen Volksbewaffnung an die Revolutionserfahrungen von 1848/49 und damit an die traumatische Gefährdung des Großreichs. Demgegenüber favorisierte Hermann Ritter von Orges 1868 die Wehrpflicht als kollektives Erziehungs- und Disziplinierungsinstrument: »Das stehende Heer wird dadurch zur Schule der Männerwelt, zur Schule für das Staatsbürgertum.« Orges erkannte wie viele andere Zeitgenossen den in anderen europäischen Nationalstaaten hervortretenden und auf die Revolutionskriege zurückweisenden Zusammenhang zwischen Militärdienst und demokratischer Partizipation, der sich im Nebeneinander von Wehrpflicht und Wahlrecht zeigte: »Will man den Staat democratisiren, so muss sich die Nation militarisiren, denn nicht der Mensch als solcher, sondern nur der sich seiner Pflicht bewusste, sich als Glied der Gesammtheit fühlende, ihren Interessen sich unterordnende Staatsbürger hat Anspruch auf staatsbürgerliche Rechte. Das allgemeine Wahlrecht und die allgemeine Wehrpflicht bedingen sich einander. Die Institution nun, diese Entwicklung in Freiheit und Macht herbeizuführen, ist das Heer, die organisirte Wehrkraft.«[10]

Die Umsetzung dieses Prinzips musste für ein multiethnisches Großreich noch weitaus komplexere Konsequenzen haben als für einen Nationalstaat mit bereits etablierten Formen parlamentarischer Repräsentation. In der Praxis der Habsburgermonarchie zeigten sich vor 1914 die besonderen Schwierigkeiten bei der Umsetzung. Nicht nur wurde im Milieu der deutsch geprägten Offiziere immer wieder das angebliche West-Ost-Gefälle des Zivilisationsstandes betont. Gerade das Offizierskorps avancierte vor 1914 zu einem Hort deutschnationaler und deutschhegemonialer Positionen. Auch die Spannungen mit Ungarn in der Frage der Sonderstellung der Honvéd sowie der jährlichen Rekrutenstellungen verstärkten vor 1914 eine skeptische Einschätzung der Wehrpflicht. Während die praktischen Integrationsgrenzen einer multiethnischen Wehrpflichtarmee sich immer deutlicher abzeichneten, verstärkte sich die symbolisch-personale Integration durch Rekurse auf den kaiserlichen Oberbefehlshaber. Aber auch andere Entwicklungen nährten die Skepsis. Die im europäischen Vergleich niedrigen Tauglichkeitsziffern, die zwischen 1868 und 1911 zwischen 12,7 und 27,7 Prozent eines Jahrgangs lagen, werteten kritische Zeitgenossen als Indiz für die unzureichende Umsetzung der Wehrpflicht und die enormen regionalen Unterschiede. Vor allem aber stieg zwischen 1900 und 1910 die Zahl der Männer an, die überhaupt nicht zur

Rekrutierung erschienen. Dabei zeigten sich bemerkenswerte Unterschiede zwischen den einzelnen Reichsteilen. Wurde in den österreichischen Kronländern der Stellungsbefehl noch weitgehend befolgt, was für eine relativ hohe Akzeptanz der Wehrpflicht sprach, nahm die sogenannte Stellungsflucht in den Ländern Ungarns, in Krain, den Küstenregionen sowie in Galizien, der Bukowina und in Dalmatien deutlich zu. Hier konnte von einer institutionellen Klammer der Monarchie durch das Militär jenseits der Symbolpolitik kaum mehr die Rede sein.[11]

Der Primat des Zivilen: Die folgenlose Wehrpflicht im Russischen Reich

Die Einführung der Wehrpflicht in Russland stellte das letzte Element im Kontext der Großen Reformen Alexander II. dar, die nach der traumatischen Niederlage im Krimkrieg 1856 auf den Weg gebracht worden waren. Während die Abschaffung der Leibeigenschaft bereits 1861 durchgesetzt worden war, dauerte es noch dreizehn Jahre bis zur grundlegenden Reform des Militärs. Bereits dieses Indiz deutet darauf hin, dass die Durchsetzung der Reform auf erhebliche Widerstände stieß. So argumentierte der panslawisch eingestellte Militärpublizist General R. A. Fadeev, die durch die Reformen insgesamt in Bewegung geratene russische Gesellschaft bedürfe der loyalen Stütze des Militärs, die er vor allem in der traditionellen Kaisertreue des einfachen russischen Soldaten erkannte. Die Einführung der allgemeinen Wehrpflicht führe demgegenüber zu einer Erosion traditioneller Loyalitäten. Die Mannschaften könnten so leicht zu Opfern radikaler und nihilistischer Agitation werden. Ganz anders als in der Habsburgermonarchie spielte die multiethnische Struktur des Russischen Reiches bei den Diskussionen um die Einführung der Wehrpflicht keine wesentliche Rolle. Statt der nationalen Frage standen die sozialen Folgen der Reformgesetze im Zentrum.[12]

Die Befürworter der Wehrpflicht verwiesen ausdrücklich auf das Vorbild Preußens, das mit den eindrucksvollen Siegen von 1864, 1866 und 1870/71 zum entscheidenden Faktor der deutschen Nationalstaatsbildung geworden war. Die nach Preußen entsandten russischen Offiziere zeigten sich von den Erfolgen des preußischen Militärs tief beeindruckt. Aber in der russischen Perspektive dominierte nicht die Verknüpfung zwischen Nationalstaat und Wehrpflicht und schon gar nicht die partizipatorische Dimension des Staatsbürgerideals wie in Frankreich, sondern die Wahrnehmung Preußens als verbündete konservative Monarchie. Der Erfolg der militärischen Reformen in Russland setzte die Abschaffung der Leibeigenschaft und die Etablierung einer neuen rechtlichen und wirtschaftlichen Ordnung voraus. Doch die Furcht vor der Freisetzung unkontrollierbarer Massen bestimmte das Denken. Hinzu kam das unerschütterte Vertrauen vieler Militärs auf die quantitative Reserve an Soldaten im Russischen Reich, die überstürzte Reformen unnötig mache. Entscheidend für den Willen zur Reform blieb aber der Eindruck, den die militärischen Siege Preußen-Deutschlands hinterließen: »Die neuesten Ereignisse haben bewiesen, dass die Macht der Staaten nicht allein in der Zahl ihrer Truppen, sondern vorzugsweise in den moralischen und intellectuellen Eigenschaften derselben liegt, die nur dann eine höhere Entwicklung erreichen, wenn die Vertheidigung des Vaterlandes eine allgemeine Sache des Volkes wird, wenn Alle ohne Unterschied des Berufs und Standes sich zu dieser heiligen Sache vereinen.«

Trotz der programmatischen Rekurse auf das Ideal der Vaterlandsverteidigung spielte die ethnisch heterogene Zusammensetzung des Reiches keine hervorgehobene Rolle. Das Wehrpflichtgesetz bezog sich auf das Russische Reich und das Königreich Polen, während für andere Gebiete wie Finnland und für die Kosaken in den südlichen und östlichen Reichsteilen Sonderregelungen galten. Für große Teile Sibiriens, des Kaukasus und für die neu eroberten kolonial verwalteten Gebiete Mittelasiens wurde ein »Modus zur Leistung der Militärpflicht in der Folge durch besondere Bestimmungen den örtlichen Eigenthümlichkeiten gemäß« festgesetzt. Dieser Grundtendenz, der Gewährung von Sonderrechten, folgte man auch im Blick auf ethnische Minoritäten, die aus der Perspektive des russischen Staates wichtige strategische Funktionen wahrnahmen. Das galt zum Beispiel für tschechische Kolonisten in Wolhynien oder

Russen, die sich in der Nähe großer militärischer Stützpunkte im besetzten Polen angesiedelt hatten.[13]

Die Einführung der Wehrpflicht in Russland orientierte sich ausdrücklich nicht an ethnokonfessionellen Parametern und Markierungen. Von der männlichen Bevölkerung, die für den Wehrdienst in Frage kam, machten die vom Wehrdienst gänzlich befreiten Gruppen, die nach zeitgenössischer Terminologie als »fremdstämmig« (*inorodcy*) galten, lediglich sechs Prozent aus. Hinter der Übernahme des kontinentaleuropäischen Modells der allgemeinen Wehrpflicht stand keine nationale Integrationserwartung, sondern ein ausgesprochener Vorrang ziviler Argumente. Über die Frage, wer wie lange im Militär dienen sollte, entschieden Familienstand und Bildungsgrad, nicht aber ethnische oder konfessionelle Zugehörigkeit. Die Auswirkungen des Wehrdienstes auf das zivile Wirtschaftsleben sollten so gering wie möglich gehalten werden. Entsprechend kam der Funktion eines Rekruten für die dörfliche Familienwirtschaft und seinem Bildungsgrad entscheidende Bedeutung für eine Verkürzung des Wehrdienstes zu. So konnte sich die maximale Dauer des Dienstes von maximal sechs auf vier Jahre reduzieren, wenn ein Rekrut den Besuch von vier Jahren Grundschule nachweisen konnte. Ein Universitätsexamen reduzierte den Dienst auf sechs Monate.

In der Praxis vor Ort konnte von einer auch nur annähernden Wehrgerechtigkeit keine Rede sein. Die Ausnahmeregelungen aufgrund von Bildungsnachweisen wurden von der Bevölkerung seit 1874 sehr genau registriert, um die Söhne, wo immer möglich, vom Militärdienst fernzuhalten. Mit dem im Gesetz formulierten Ideal, dass »alle ohne Unterschied des Berufs und Standes sich zu dieser heiligen Sache vereinen«, hatte diese Praxis wenig zu tun. Die Armee avancierte in Russland daher nicht zu einer »Schule der Nation«, wie in den zeitgenössischen Diskussionen in Frankreich, Deutschland oder Italien immer wieder hervorgehoben wurde. Im Ergebnis wurden in Russland deutlich weniger Rekruten eingezogen als in anderen europäischen Ländern. Nahm diese Zahl bei Letzteren im Laufe der Zeit und im Kontext der Rüstungswettläufe deutlich zu, verringerte sie sich in Russland. Zwar verfügte Russland 1896 mit 956.000 Männern im einberufungsfähigen Alter über die höchste Zahl im europäischen Vergleich (Deutschland: 522.000, Österreich-Ungarn: 385.000, Frankreich: 338.000), doch sank der Teil der tatsächlich rekrutierten Männer zwischen 1889 und 1896 von 31 auf 29,4 Prozent (in Deutschland stieg er von 45 auf 51,2 Prozent, in Österreich-Ungarn von 38 auf 45,7 Prozent, in Frankreich von 76 auf 77,5 Prozent).[14]

Auch die Praxis der Rekrutierung vor Ort zeigte diese charakteristische Kluft zwischen Reformanspruch und Wirklichkeit. Denn die traditionelle Losziehung in der Öffentlichkeit, die dem Gerechtigkeitsempfinden der Bevölkerung entgegenkam, wurde mit der Einführung der Wehrpflicht keinesfalls abgeschafft, sondern ergänzte die Entscheidung der Musterungskommission vor Ort, obwohl sie der Differenzierung nach wirtschaftlichen Funktionen und Bildungsgrad der Rekruten widersprach. Für die allgemeine Akzeptanz der Wehrpflicht in der Bevölkerung erschien sie dennoch unabdingbar, um die soziale Kohärenz und Stabilität der Dorfgemeinde zu gewährleisten. Ihr kam für die Umsetzung der Wehrpflicht vor Ort überhaupt entscheidende Bedeutung zu, weil der russische Staat über keine zentralen Verwaltungsinstanzen verfügte, um die Auswahl der Rekruten sicherzustellen. Das entsprach einerseits dem Ideal der lokalen Selbstverwaltung, das die Reformära in den Vordergrund gestellt hatte. Andererseits fungierten die Dorfgemeinschaften zu keinem Zeitpunkt als interessenlose Agenturen des Zentralstaats. Vielmehr suchten sie gerade diejenigen für den Wehrdienst aus, die innerhalb der Dorfgemeinde weder über eine wichtige wirtschaftliche Funktion noch über einen daraus abgeleiteten sozialen Status verfügten. Im Ergebnis gelangten zahllose medizinisch untaugliche Rekruten in den Militärdienst. Dazu trug auch bei, dass anders als in der westeuropäischen Musterungspraxis die medizinische Einschätzung letztlich keine ausschlaggebende Bedeutung hatte. Auch hier dominierten zivile vor militärischen Gesichtspunkten. Dieser Grundzug setzte sich auch im militärischen Alltag fort.[15]

Prinzipiell machte die ethnisch-nationale oder konfessionelle Herkunft der Rekruten in der Praxis des russischen Militärs keinen Unterschied. Insofern hatte der Charakter des multiethnischen Großreichs für die konkrete Lebenswirklichkeit der russischen Wehrpflichtigenarmee auf den ersten Blick eine nur geringe Bedeutung. Diese Interpretation bedarf aber in zweifacher Hinsicht der Differenzierung. Erstens gab es eine Gruppe, die für die Umsetzung der Wehrpflicht eine besondere Rolle spielte: Die Juden galten in den Augen vieler Militärs als notorisch untauglich, unzuverlässig und stets bemüht, dem Wehrdienst unter allen Umständen zu entgehen. Umso mehr bemühte man sich, sie in jedem Falle zum Militärdienst einzuziehen. Dazu setzte man zum einen die Tauglichkeitskriterien herab, zum anderen strich man die zahlreichen Ausnahmeregelungen. Zugleich zeigte sich an den jüdischen Rekruten, dass die gleiche Pflicht zur Verteidigung des Vaterlandes keinesfalls zu mehr konkreten Partizipationsrechten in der russischen Gesellschaft führte. Von den 1,5 Millionen russischen Juden, die zwischen 1814 und 1914 die russische Armee durchliefen, erreichte nur ein einziger auf dem regulären Dienstweg den Rang eines Offiziers.[16]

Zweitens zeigte sich in der besonderen Stationierungspraxis die Angst der Behörden vor einem Übergreifen nationaler Konfliktsituationen auf das Militär. Generell suchte man die Dominanz der soganennten »Großrussen« – nach zeitgenössischem Verständnis gehörten dazu auch die Weißrussen und Ukrainer – dadurch festzuschreiben, dass in einer militärischen Einheit stets 75 Prozent Russen und 25 Prozent Nichtrussen dienen sollten, wobei die nichtrussischen Rekruten eine gute Chance hatten, auf Kameraden ihrer Heimatregion zu treffen. Das garantierte auch ein Mindestmaß an innermilitärischer Kommunikation, denn die bereits länger dienenden Rekruten verstanden zumindest ein Minimum der russischen Kommandosprache. Die Stationierungsdichte war in den westlichen Militärbezirken, also an den Grenzen zu den möglichen Gegnern Deutschland und Österreich-Ungarn, besonders hoch. Vor allem aber wurden Rekruten grundsätzlich möglichst weit entfernt von ihren Heimatregionen eingesetzt, um in Konfliktsituationen auf loyale Truppen zurückgreifen zu können. So mussten polnische Soldaten ihren Dienst zumeist in Mittelasien und Fernost absolvieren, während im Wehrbezirk der polnischen Hauptstadt Kontingente aus allen anderen, nichtpolnischen Gebieten des Reiches Dienst taten.

Im scharfen Kontrast zu den westeuropäischen Wehrpflichtarmeen fehlte im russischen Fall aber noch ein weiterer Faktor,
der für die Ausbildung der Armee als nationale Institution und
ihr Image in der breiteren Öffentlichkeit elementare Bedeutung
hatte. Weder förderten die russischen Behörden ein systemati-
sches Reservistensystem, das die militärische Sozialisation auch
über den Wehrdienst hinaus verlängert hätte, noch existierten
viele Kriegervereine. Sie aber trugen in anderen europäischen
Gesellschaften erheblich zur symbolischen Aufwertung des Militärs, seiner nationalen Prägung und zur öffentlichkeitswirksa-
men Vermittlung bellizistischer Ideale in die Zivilgesellschaft
hinein bei. In Russland blieb das Militär demgegenüber ein
tendenziell isolierter Fremdkörper, eine Konstellation, welche
die Einführung der allgemeinen Wehrpflicht nicht wesentlich
veränderte, sondern tendenziell sogar verstärkte.[17]

Die osmanische Nation in Waffen? Anspruch und Praxis der Wehrpflicht im Osmanischen Reich

Im Gegensatz zu den anderen kontinentaleuropäischen Großreichen war das Osmanische Reich immer wieder und verstärkt
seit dem Beginn des 19. Jahrhunderts von innerer Instabilität und
äußeren Interventionen bedroht. Diese Herausforderung – die
Verteidigung gegen militärisch überlegene europäische Gegner
und die Unterdrückung nationaler Unabhängigkeitsbewegungen
– bildete den Kontext für die Reformanstrengungen der osmanischen Eliten. Dabei orientierten sie sich primär an den Instrumenten der europäischen Nationalstaaten. Das zeigte sich in
besonderer Weise in der Phase des Osmanismus seit den 1860er
Jahren. Es war kein Zufall, dass für diese Bewegung die Frage der
militärischen Reformen und der Wehrpflicht nach dem europäischen Vorbild einer Nation in Waffen elementare Bedeutung
hatten.[18]
   Die Anfänge der militärischen Reformen im Osmanischen
Reich reichten bis zur Auflösung des traditionellen Janitscharen-
Korps 1826 infolge der militärischen Misserfolge bei der Unterdrückung der griechischen Aufstände 1821 zurück. Auch die

neuen Armeeeinheiten bestanden wie zuvor aus muslimischen Soldaten, während die nicht-muslimischen Bevölkerungsteile traditionell nicht zum Militärdienst eingezogen wurden. Aber auch die neuen Einheiten erwiesen sich in den Auseinandersetzungen mit Russland 1828/29 als unterlegen und erlitten massive Verluste. Weniger als zehn Prozent der osmanischen Rekruten kehrten unversehrt zu ihren Familien zurück. Vor diesem Hintergrund entwickelte sich die Debatte um die Einbeziehung der nicht-muslimischen Bevölkerung, insbesondere der Christen seit der Mitte der 1830er Jahre. In der Folge wurden zum ersten Mal Armenier zum Marinedienst verpflichtet, was erhebliche Widerstände provozierte. Zahlreiche Griechen auf Rhodos und Kios flüchteten auf benachbarte Inseln, um der Einziehung zu entgehen.

Bereits seit dieser Zeit suchten die osmanischen Eliten in Istanbul den Rat westeuropäischer Militärs. Helmuth von Moltkes Rolle als preußischer Militärratgeber (1836 – 1839) markierte den Beginn einer langfristigen Zusammenarbeit zwischen dem Osmanischen Reich und Preußen-Deutschland. Moltke allerdings sprach sich gegen die Einführung der allgemeinen Wehrpflicht aus, weil er fürchtete, die Einbeziehung der christlichen Armenier könne die religiösen Gefühle der Muslime verletzen und Loyalitätskonflikte zwischen Armeniern einerseits sowie Kurden und Arabern andererseits provozieren, die bisher ein großes Maß an Autonomie genossen hatten.[19]

Auch in der Tanzimat-Reformära unter Sultan Abdülmecid I. zwischen 1839 und 1861 intensivierte sich die Diskussion über die Vor- und Nachteile der allgemeinen Wehrpflicht. Im Jahr 1848 wies der Großwesir Mustafa Reşid Pascha darauf hin, dass von den 28 bis 29 Millionen Einwohnern des Osmanischen Reichs etwa die Hälfte Christen oder Mitglieder tribaler Gemeinschaften sei, sodass insgesamt überhaupt nur drei bis fünf Millionen Männer für den Militärdienst in Frage kämen. Aus dieser Einschätzung ergab sich die Einführung der Wehrpflicht als praktische Notwendigkeit, um einerseits die Verteidigungsfähigkeit des Reichs zu sichern und andererseits die soziale und politische Dominanz der Muslime langfristig zu gewährleisten.[20]

Anlässlich des Krimkriegs 1854 verstärkten sich die Forde-

rungen der mit dem Osmanischen Reich verbündeten Großmächte Frankreich und Großbritannien, die Situation der
Christen zu verbessern. So wurde 1855 auf dem Papier der obli-
gatorische Wehrdienst für alle nicht-muslimischen Gruppen
eingeführt. Zugleich zeigte sich wiederum die Kluft zwischen
dem Anspruch von gleichen Rechten und gleichen Pflichten aller
Untertanen und der komplexen Wirklichkeit vor Ort. Offene
Widerstände entwickelten sich vor allem in den christlich-or-
thodoxen Gemeinden des Balkans. Angesichts dieser Situation
blieb die Herrschaftselite des Osmanischen Reichs skeptisch
gegenüber der Etablierung einer multiethnischen und multireligiösen Armee. So warnte Mustafa Reşid Pascha den Sultan
davor, dass mit der Einführung der Wehrpflicht das Grund-
prinzip der osmanischen Herrschaftspraxis, nämlich die Unterscheidung zwischen den dominierenden Muslimen und den von
ihnen beherrschten Nicht-Muslimen, in Frage gestellt werde.
Tatsächlich provozierte das Edikt Unruhe und Proteste in den
muslimisch beherrschten Teilen Ostanatoliens und Syriens.[21]
    Während sich die Debatte um die mögliche Separierung reli-
giöser Gruppen in speziellen militärischen Einheiten fortsetzte,
entfernte sich die Praxis von den ursprünglichen Idealen. Nicht
nur blieb es möglich, den Militärdienst zu umgehen, indem man
Ersatzmänner stellte. Auch die Einführung einer speziellen Er-
satzsteuer, die zu einer der wichtigsten Einnahmequellen des
Osmanischen Reichs wurde, unterlief das Ideal der Wehrpflicht.
Dabei wurde in der Praxis den Nicht-Muslimen die Zahlung der
Steuer tendenziell erleichtert, den Muslimen aber erschwert. Die
muslimische Dominanz des osmanischen Militärs blieb so un-
angefochten. Der Historiker und Politiker Ahmed Cevdet Pascha,
der nach eigenen Erfahrungen mit der Umsetzung der Reformen
aus Bosnien nach Istanbul zurückkehrte, äußerte erhebliche
Bedenken gegenüber einer multireligiösen Armee. Er erinnerte
daran, dass die muslimischen Soldaten bisher mit der traditionellen islamischen Idee eines heiligen Krieges (*cihād*) und eines
religiös motivierten Opfers (*şehādet*) angefeuert worden seien.
Im Augenblick des Kampfes sei der Verweis eines Kommandeurs
auf den heiligen Krieg, das Opfer und die wahre Religion (*ya
gazā, ya şehādet, haydi dīn-i mübīn uğruna çocuklar*) noch

immer die erfolgreichste Motivation. Es sei aber undenkbar, Christen und Juden mit diesem Konzept des *cihād* zum Kampf zu bewegen. Auch der Hinweis auf den Kampf für das eigene Vaterland (*vatan uğruna*) greife zu kurz, denn *vatan* werde von den meisten einfachen Soldaten mit der eigenen Dorfgemeinde identifiziert. Auch wenn man wie in den europäischen Nationalarmeen das religiös-konfessionelle Bekenntnis durch das patriotische ersetzte, wurden hier die engen Wirkungsgrenzen der allgemeinen Wehrpflicht im Osmanischen Reich erkennbar.[22]

Auch nach den Wehrgesetzen von 1870 und 1886 blieb der Militärdienst auf die muslimischen Bevölkerungsteile beschränkt. Entscheidend wurde die Entwicklung der Jungosmanen zu einer Oppositionsbewegung, die eine Verfassung nach europäischem Vorbild und eine osmanische Nationsbildung nach dem Modell rechtsgleicher Staatsbürger forderte. Sie traten für das europäische Vorbild einer Nation in Waffen ein und kritisierten die Wehrersatzsteuer, mit der Nicht-Muslime den Wehrdienst umgehen konnten. Explizit verwies man auf das Vorbild der europäischen Großmächte: So rekrutiere Frankreich in seiner Armee Algerier, England Iren und Inder, Russland greife auf Krimtataren, Polen, Georgier und andere nichtrussische Gruppen zurück.[23]

Als es 1876 zu einer Verfassung und zur Einrichtung eines Parlaments kam, verband Sultan Abdülhamid II. den Anspruch, alle Untertanen mit gleichen Rechten und Pflichten auszustatten, mit einer umso engeren Orientierung an westeuropäischen Militärreformen. Deutsche Militärberater wurden nach Istanbul eingeladen und setzten wie Colmar von der Goltz weitgehende Reformen in Bewaffnung und militärischer Erziehung in Gang. Zugleich setzte der Sultan darauf, eine stärker zentralstaatliche Herrschaft zu etablieren, so vor allem in Albanien, Kurdistan und in den arabischen Provinzen. Auch jetzt traf diese protonationale Politik auf vehemente Proteste, so vor allem in den arabischen Regionen um die heiligen Stätten von Mekka und Medina, wo bereits der Bau der Hedschas-Bahn die überkommene Position der lokalen und regionalen Bewohner bedroht und zu gewaltsamen Protesten geführt hatte.[24]

Erst die Revolution der Jungtürken im Juli 1908 brachte

schließlich eine Wende. Nachdem viele Mitglieder der jungtür-kischen Opposition im französischen Exil das nationalstaatliche Modell der Nation in Waffen kennengelernt hatten, suchten sie es nach 1908 konsequent in die Praxis umzusetzen. Der Osmanis-mus als leitende Idee der Jungtürken betonte die gemeinsame Geschichte aller Osmanen, die zur Grundlage einer Osmanischen Einheit (*ittihad-ı Osmani*) der Zukunft werden sollte. Mit der Forderung nach einer osmanischen Nation wurde die Anlehnung an das Modell europäischer Nationsbildungen offenkundig. Nach der erfolgreichen Machtübernahme der Jungtürken im Juli 1908 erklärte ihr Führer Enver Bey in einer Rede: »Wir sind alle Brüder: Es gibt keine Bulgaren, Griechen, Serben, Rumänen, Juden oder Muslime mehr. Unter demselben blauen Himmel sind wir alle gleich und rühmen uns, Osmanen zu sein [...] Es lebe die Osmanische Nation!«[25]

Die neue Verfassung sah die Wehrpflicht für alle Bürger des Reichs vor. Dahinter stand das Ziel, alle ethnischen und religiö-sen Gruppen in einer Nation zu integrieren. Im Gegensatz zu den euphorischen Reaktionen im Parlament, wo bulgarische, grie-chische oder jüdische Politiker die Wehrpflicht als Ehrendienst und verfassungsmäßige Pflicht priesen und ihrem Vertrauen auf die osmanische Nation als integrativem Zielhorizont Ausdruck verliehen, wurden vor Ort erneut die konkreten Probleme und Widerstände sichtbar. Kritiker prophezeiten, die neue Politik werde katastrophale finanzielle Auswirkungen haben, weil die Einnahmen aus der Wehrersatzsteuer wegfielen. Habib Bey, ein türkisches Mitglied des Parlaments, argumentierte, dass die Re-krutierung von 300.000 Nicht-Muslimen ohne bisherige militä-rische Erfahrungen unverantwortlich sei und die Verteidi-gungsfähigkeit des Reichs insgesamt schwächen müsse. Vor dem Hintergrund der Sprachkenntnisse möglicher Rekruten aus Bulgarien oder Mazedonien fragte er kritisch, wie man sich die militärische Realität mit einer türkischen Kommandosprache vorstelle. Trotz dieser Einwände wurde die Wehrersatzsteuer im August 1909 offiziell abgeschafft. Wiederum kam es zu massiven Protesten: So forderten Griechen nun gesonderte militärische Einheiten auf der Basis der verschiedenen Religionszugehörig-keiten, und Bulgaren verwiesen auf den Unmut innerhalb der türkischen Bevölkerung gegen die Einziehung christlicher Rekruten. Eine zeitgenössische Erhebung vom Oktober 1910 belegte, dass allein in Istanbul ein Drittel aller Nicht-Muslime, die mit einer Rekrutierung rechnen mussten, innerhalb kurzer Zeit in die Vereinigten Staaten ausgewandert war. Auch in Gebieten mit traditionellen tribalen Strukturen, vor allem bei Kurden, in Albanien und in den arabischen Regionen, entwickelten sich 1910 lokale und regionale Widerstandsbewegungen und Revolten.[26]

Als es in den Balkankriegen 1912/13 für das Osmanische Reich zu militärischen Niederlagen mit hohen Verlusten kam, wurde dieses Desaster vor allem den nicht-muslimischen Einheiten angelastet. Jetzt sah man sich mit der Frage konfrontiert, mit welcher Loyalität man auf der Seite der im osmanischen Heer kämpfenden Griechen und Bulgaren rechnen konnte, wenn man Griechen, Bulgaren oder Serben zugleich als militärische Feinde bekämpfte. So diskreditierte bereits die Erfahrung der Balkankriege vor 1914 das Konzept des Osmanismus, das mindestens in den Herrschafts- und Militäreliten des Osmanischen Reichs nun zugunsten einer dezidiert türkischen Nationsbildung in den Hintergrund zu treten begann. Dieser Prozess verstärkte sich durch die Erfahrung des Ersten Weltkriegs. Die besonders hohen Desertionsraten bei christlichen Armeniern provozierten extreme Reaktionen bei muslimischen Soldaten und Offizieren. Schließlich entschied die Regierung im Juni 1915, die armenischen Soldaten zu entwaffnen, in Arbeitsbataillone zu überführen, zugleich die armenische Zivilbevölkerung zu evakuieren und in die syrische Wüste zu deportieren. Damit setzte die genozidale Gewalt gegen die Armenier ein, die durch die Desintegration der Armee zusätzlich katalysiert wurde. Dies beendete den Versuch, eine multireligiöse osmanische Armee als Nukleus einer osmanischen Nation zu entwickeln. Faktisch bestand die »osmanische Armee« zum größten Teil aus anatolischen muslimischen Bauern. Sie bildeten den Kern der militärischen Nation in Waffen des neuen türkischen Nationalstaats.[27]

»Small Wars only«? Militär und Britisches Empire

In Großbritannien fehlte zunächst der kontinentaleuropäische Zusammenhang zwischen Militär und Nationsbildung. Dem entsprach auch die Tatsache, dass die Wehrpflicht als kontinentaleuropäische und damit unenglische Einrichtung für den Erhalt des Empires unbedeutend schien. Das hatte Folgen für die soziale Zusammensetzung der Armee, aber auch für ihre Funktion innerhalb des Empires. Als multiethnisches Integrationsinstrument auf der Basis der Wehrpflicht kam sie jedenfalls nicht in Frage.[28]

Im Gegensatz zu den kontinentaleuropäischen Großreichen, die sich als Kompositstaaten entwickelten, und im Kontrast zu den Nationalstaaten mit ihren häufig umstrittenen Grenzen erlaubte Großbritanniens geographische Lage als Insel im langen 19. Jahrhundert zunächst eine denkbar kleine Berufsarmee. Noch vor dem Ersten Weltkrieg betrug ihre Größe kaum ein Viertel der europäischen Mächte. Hinzu kam die traditionelle Abneigung gegenüber *standing armies*, die lange Zeit mit den absolutistischen Neigungen der katholischen Stuarts im 17. Jahrhundert identifiziert wurden. Im Gegensatz zum Kontinent fehlte zudem die konkrete Erfahrung des National- und Volkskrieges. Obwohl in den kontinentaleuropäischen Nationalstaaten und dann auch in den multiethnischen Großreichen tendenziell seit den 1850er und 1860er Jahren an das Ideal der Nation in Waffen angeknüpft wurde, dem die Einführung der allgemeinen Wehrpflicht entsprach, folgte Großbritannien diesem Ideal nicht. Multiethnisch war die britische Armee zunächst allein im Blick auf den überproportionalen Anteil schottischer und vor allem irischer Mannschaften. Entsprechend überwog in der Forschung lange Zeit die Auffassung, die Armee habe einen Mikrokosmos der ländlichen Gesellschaft repräsentiert, in dem aristokratische und adlige Offiziere Soldaten kommandierten, die aus dem ländlich agrarischen Milieu stammten. Das habe zugleich die Professionalisierung der Armee verhindert und einem militärischen Amateurideal Vorschub geleistet.[29]

Doch diese Auffassung bedarf in mehreren Punkten der Revision. Dominierten in deutschen, französischen oder italieni-

96

schen Kriegsdeutungen Rekurse auf die National- und Volks-
kriege von 1859/61, 1864, 1866 und 1870/71, so wurden in
Großbritannien die *small wars* im Rahmen der Expansion des
Empires zum entscheidenden Bezugspunkt.[30] Die Tatsache, dass
das Land fast in jedem Jahr des langen 19. Jahrhunderts in seinem
überseeischen Empire in militärische Aktionen verwickelt war,
trug erheblich zur Professionalisierung der Armee bei. Mit diesen vielfältigen Aufgaben waren zudem rein britische Kontingente bald überfordert. Unter dem Eindruck des Kolonialdienstes
seit der Mitte des 19. Jahrhunderts veränderten sich aber auch die
politische Rolle und das Selbstverständnis des Militärs. Es gab
dabei kein Äquivalent zum Ideal einer multiethnischen Wehrpflichtarmee wie in der Habsburgermonarchie, die durch die
soziale Praxis des Wehrdienstes das Nebeneinander der ethnischen Teilgruppen ermöglichen sollte. Vielmehr ergab sich die
Integrationserwartung an die Armee aus einem insgesamt veränderten Selbstbild des Militärs als eines Garanten von Union
und Empire, also von Vereinigtem Königreich und den maritimen Kolonien und Dominions. Dies rückte zumal nach dem
Krimkrieg und dem Aufstand in Indien 1857 deutlicher in den
Vordergrund und führte zur Popularisierung des Militärs in der
britischen Öffentlichkeit. Hinzu trat eine signifikante Veränderung des Sozialprofils vor 1914. Der Anteil des Landadels bei den
Offizieren sank, die Armee wurde insgesamt städtischer und
gegenüber dem Anteil der übrigen Inselnationalitäten englischer.
Der Anteil der Schotten und vor allem der Iren an den Mannschaften ging gegen Ende des Jahrhunderts zurück. 1830 waren
noch über 40 Prozent der britischen Soldaten aus Irland gekommen. Zwischen 1825 und 1850 hatten Iren sogar 48 Prozent
der Bengal Army der East Indian Company ausgemacht, aber um
1900 sank der Anteil irischer Soldaten in der britischen Armee
auf etwa 10 Prozent.[31]

In der englischen Gesellschaft veränderte sich zugleich das
Bild des Militärs. Befreit von traditionellen innenpolitischen
Funktionen, konnte sich die Armee nun auf den Schutz des
Empires konzentrieren. Die lange dominierende Angst vor ste-
henden Heeren wich einer ausgesprochenen Popularität der
Armee im späteren 19. Jahrhundert, gerade auch bei den tradi-

tionell militärkritischen Liberalen. Die im innereuropäischen Vergleich weitgehende räumliche Abwesenheit des Militärs in Großbritannien ließ das Ideal des Empiresoldaten, des *true Tommy*, im Dienst von Befriedung und Zivilisation umso deutlicher hervortreten. Integrationserwartungen konzentrierten sich nicht auf die soziale Praxis einer Wehrpflichtarmee, sondern auf die imaginierte Verbindung zwischen der Nation und der Armee bzw. der Flotte als Symbole des maritimen Empires. Das sicherte den aus der kolonialen Peripherie auf das Mutterland zurückwirkenden Kriegserfahrungen eine große mediale Präsenz.[32]

Diese Konstellation geriet seit den 1870er Jahren auf mindestens zwei verschiedenen Ebenen unter Druck. Erstens konnten sich auch britische Zeitgenossen dem kritischen Vergleich mit dem nationalstaatlichen Wehrpflichtmodell Kontinentaleuropas nicht mehr entziehen. In den Feldzügen von 1870/71 erkannte man im Vereinigten Königreich Anzeichen eines neuartigen Massenkrieges, der mit dem »Niedergang des ritterlichen Kampfes« einhergehe. Das Bild der aus Söldnern zusammengesetzten Berufsarmee trat dadurch zugunsten von Wehrpflichtarmeen und Nationen in Waffen in den Hintergrund. In seiner 1878 erschienenen *Philosophy of War* sah der Publizist James Ram das Land im Kontrast zu den Entwicklungen auf dem europäischen Kontinent in der Gefahr, seine nationale Macht und Reputation zu verlieren, weil allein mit einer Freiwilligenarmee und ohne das Mittel der Wehrpflicht ein Überleben der Nation und damit des Kerns des maritimen Empires nicht mehr gesichert werden könne. Rams Prämisse war an einem sozialdarwinistischen Modell der Auslese orientiert, um von hier aus die traditionelle Abneigung des Landes gegen die allgemeine Wehrpflicht als unzeitgemäß und verhängnisvoll zu kritisieren.[33]

Dennoch setzte man in Großbritannien im Gegensatz zu der allgemeinen Tendenz, die Ressourcen der ganzen Nation für einen Krieg zu mobilisieren, bis 1916 weiterhin auf das Prinzip der Freiwilligkeit im *voluntary system*. Dieses schien am ehesten der Geschichte und dem konstitutionellen Selbstverständnis der Nation zu entsprechen.[34] In der Ablehnung des Zwangscharakters kontinentaleuropäischer Wehrpflichtarmeen schienen noch einmal britische Selbstbilder und der seit der frühen Neuzeit ausgeprägte Unterschied in der Beziehung von Militär, Staat und Nation zwischen Großbritannien und den kontinentaleuropäischen Staaten auf. Obwohl auch auf der Insel das Militär seit den Napoleonischen Kriegen popularisiert und national konnotiert worden war, hatte sich damit keine langfristig wirksame Vorstellung einer Nation in Waffen entwickelt. Dazu trug nicht zuletzt die Kontinuität räumlich entfernter Kriege bei. Erst seit den 1870er Jahren und verstärkt im Zeichen des deutsch-britischen Flottenantagonismus der Jahrhundertwende geriet diese Konstellation ins Wanken. Die Möglichkeit eines europäischen Krieges, der das Inselreich unmittelbar betreffen könnte, rückte näher, was die Diskussionen um eine adäquate Militärverfassung katalysierte. Ausdruck dieser Konstellation waren die wiederkehrenden Invasionspaniken vor 1914.

Neben den zeitgenössischen Diskursen stellte zweitens der Burenkrieg als imperialer Krieg mehr als andere Konflikte des 19. Jahrhunderts die Kategorie des *small war* in Frage und führte zu einer Krise im Selbstverständnis der Verteidigung des Empires. Im südlichen Afrika hatte sich ein Konflikt entwickelt, in dem tausende von Freiwilligen aus Kanada, Australien und Neuseeland die britischen Streitkräfte verstärkten. Durch diese Beteiligung der Dominions wurde die Armee notwendigerweise auch ethnisch vielfältiger. Obgleich auch Iren auf Seiten der Buren kämpften oder sich in Großbritannien um eine Agitation zugunsten der Buren bemühten, war der Krieg in Großbritannien zunächst durchaus populär, wie vor allem die »Khaki-Wahlen« 1900 bewiesen. Die Briten wollten den Krieg als *a white man's war* führen, aber in der Praxis waren beide Kriegsparteien auf indigene Truppenverstärkungen angewiesen. Lord Kitchener musste schließlich zugeben, dass auf britischer Seite über 10.000 schwarze Soldaten kämpften – die wirkliche Zahl wird eher 30.000 betragen haben. Diese Entwicklung antizipierte die multiethnische Realität der *imperial defense* nach 1914. Sie war nicht geplant und politisch auch nicht gewollt, sondern ergab sich aus den militärischen Notwendigkeiten.[35]

Je länger der Burenkrieg dauerte, desto umstrittener wurde er in der britischen Öffentlichkeit. Davon ging keine Integrationswirkung im Sinne der imaginierten *Britishness* mehr aus. Eher dokumentierten die kontroversen Stellungnahmen die desintegrierende Wirkung des Krieges. Neben dem enthusiastischen Bekenntnis zur imperialen Fortschrittsmission und dem Anti-Imperialismus eines John A. Hobson stand die Kritik an patriotischen Kriegsvorstellungen und den wachsenden Belastungen des Mutterlandes durch das Empire.[36] Vor diesem Hintergrund entwickelte sich um 1900 eine Interpretation, welche die Diskussion um den Krieg mit den Problemen der fortgeschrittenen Industriegesellschaft und der repräsentativ-parlamentarischen Strukturen des konstitutionellen Systems Großbritanniens verknüpfte. Stellvertretend für diese Strömung befand Charles Ross 1903, die britische Nation sei durch ihre ökonomischen Erfolge immer mehr von den stimulierenden Wirkungen des Überlebenskampfes zwischen Nationen abgeschirmt worden, wie der Burenkrieg schmerzlich bewiesen habe. Im Vergleich zu anderen europäischen Nationen drohe nun der Abstieg von Nation und Empire. Für Ross wie für viele Beobachter stellte der Krieg weit über das konkrete Ereignis hinaus einen notwendigen Teil der menschlichen Evolution dar, der die Auslese der stärksten und überlebensfähigsten Nationen möglich mache. Den Grund für diese im Burenkrieg gipfelnde Krise der imperialen Nation erkannte Ross in der einseitigen Konzentration der Nation auf die zivile Sphäre von Politik und Verwaltung, während das traditionelle Misstrauen gegenüber allem Militärischen eine wirksame Autonomie des Militärs verhindert habe.[37]

Ross thematisierte mit der Frage nach dem Primat der Politik ein Grundproblem der europäischen Gesellschaften um 1900: Waren moderne demokratisch verfasste Nationen überhaupt in der Lage, einen Krieg der Zukunft zu führen, oder standen nicht die komplexen Entscheidungsprozesse eines parlamentarisch-repräsentativen Systems und die erzwungene Unterordnung des Militärs unter die Politik einer effektiven Kriegspolitik entgegen? Imperiale Kriegsfähigkeit wurde zum Maßstab für die Fähigkeit zur Selbstbehauptung in einer von britischen Zeitgenossen besonders aufmerksam wahrgenommenen internationalen Konkurrenzsituation. Bei Ross schloss dies vor allem den Vergleich mit Deutschland ein, das nach 1871 eine der Nation in Waffen korrespondierende politische Ordnung geschaffen habe. Im Gegensatz zu den kontinentaleuropäischen Nationalstaaten mit ihren integrierenden Kriegserfahrungen machte die heterogene Struktur des Empires Integrationsklammern nun umso wichtiger. Das Empire stellte für Ross eine *conglomeration of nations* dar, die durch Sprache und Verwandtschaft immer weniger zusammengehalten werde. Wie erst der Militärdienst Schotten, Waliser und Iren in die britische Union integriert habe, so müsse auch im Empire die Leitidee des gemeinsamen Waffendienstes verwirklicht werden. Die durch Kriegserfahrungen zusammengewachsene Union wurde zum Integrationsmodell für das unter Druck geratene Empire und verband den Konflikt in Südafrika mit der Krise um die Homerule in Irland: »Allein eine Waffenbruderschaft, das großartige Band, das echte Freundschaft zwischen Nationen und zwischen Männern herstellt, wird Südafrika an das restliche Empire binden und zugleich der Intrige und offenen Rebellion im Süden Irlands ein Ende bereiten.«[38]

Auch wenn die Idee einer multiethnischen Wehrpflichtarmee in der Praxis bis zum Ersten Weltkrieg nicht umgesetzt wurde, unterstreichen Ross' Ausführungen doch einen bemerkenswerten Auffassungswandel vor 1914, der die Zukunftsfähigkeit des Empires mit einer multiethnischen Waffenbrüderschaft verband und nicht zufällig auf die Funktion irischer Soldaten in den Empire-Konflikten hinwies. Aber das Beispiel Irland unterstrich auch die Ambivalenz der hier angedeuteten Lösung. Einerseits war Irland *imperial* und *metropolitan*, insofern es einen überproportional hohen Anteil der Mannschaften in den überseeisch operierenden Verbänden der britischen Armee und in der Kolonialverwaltung stellte, auch wenn dieser Anteil vor 1914 deutlich sank. Andererseits war es *colonial*, insofern es überhaupt die erste Kolonie des Britischen Empire darstellte. *Imperial Ireland* und *colonial Ireland*, aktive, zumal militärische Teilhabe am *Empire building* und Widerstand gegen den englischen Besatzer in Irland, lagen nahe nebeneinander, ja bildeten bis in Biographien hinein zwei Seiten einer Medaille: Nicht wenige Anhänger der späteren Irisch-Republikanischen Armee und der Sinn-Fein-Bewegung stammten aus Familien, die Generationen von loyalen Empire-Soldaten und Kolonialbeamten gestellt hatten. Während an vielen Empire-Fronten nach 1900 die Zahl der in der britischen Armee kämpfenden Iren sank, veränderte sich gleichzeitig die Rolle und das Selbstverständnis der Armee im Hinblick auf den Erhalt der Union des Inselreichs und damit als bestimmender Nukleus des Empires in den Jahren vor 1914. Besonders dramatisch zeigte sich dies anlässlich der sogenannten Curragh-Meuterei. Im März 1914 erklärten Offiziere der 6. Kavallerie-Brigade in Irland, dass sie nicht bereit seien, nach Norden zu marschieren, um in der englandtreuen Provinz Ulster die politisch beschlossene Homerule durchzusetzen. Lord Roberts, der Präsident der National Service League und populäre Kriegsheld, unterstützte die meuternden Offiziere und forderte den Rücktritt des Chefs des Generalstabes, Sir John French.[39]

Fazit: Die Kriegsfähigkeit im Zeitalter der Nationalstaaten und die Zukunft der multiethnischen Großreiche

Auch das nationalstaatliche Modell der Nation in Waffen, das die Wehrpflicht ohne Ausnahmen umsetzen sollte, wirkte in den Nationalstaaten selbst keinesfalls nur integrativ. Die zeitgenössische Angst militärischer und konservativer Eliten vor einer Bewaffnung der Arbeiter, so in Deutschland und Frankreich, spiegelte dabei ein Dilemma wider: Ohne Massenheere würde der industrielle Krieg der Zukunft nicht zu führen sein, aber solche Armeen mit ihren neuen Teilhabeansprüchen unterminierten zugleich die Grundlagen des durch Kriege entstandenen Nationalstaates. Helmuth von Moltke betonte 1890: »Die Elemente, welche den Frieden bedrohen, liegen bei den Völkern. Das sind im Innern die Begehrlichkeit der vom Schicksal minder begünstigten Klassen und ihre zeitweisen Versuche, durch gewaltsame Maßregeln schnell eine Besserung ihrer Lage zu erreichen.«[40] Dennoch wurden das Modell der nationalstaatlichen Wehrpflicht und sein augenscheinlicher Erfolg seit den 1860er Jahren in allen multiethnischen Großreichen aufmerksam registriert. Bellizität als Fähigkeit zur Massenkriegsführung schien zum Maßstab für das Überleben der Empires zu werden. Die

Habsburgermonarchie, Russland und das Osmanische Reich führten die Wehrpflicht ein, auch wenn die Praxis die weitgespannten Erwartungen der Zeitgenossen schnell relativierte.

Sowohl für die Habsburgermonarchie als auch für Russland standen hinter der Einführung der Wehrpflicht die traumatischen Erfahrungen militärischer Niederlagen 1859, 1866 sowie im Krimkrieg. In der Habsburgermonarchie ging es von vornherein nicht um die Imitation einer Nation in Waffen wie in Frankreich oder Deutschland, sondern um eine Wehrpflichtarmee als supranationale »Schule des Volkes«, in der die einzelnen Nationalitäten integriert werden sollten. Der in der Habsburgermonarchie unternommene Versuch einer multiethnischen Klammer auf der Basis einer Wehrpflichtarmee dokumentierte aber zugleich die sich vor 1914 immer weiter öffnende Schere zwischen Integrationserwartungen und ernüchternden Erfahrungen der sozialen Praxis. Denn die Zahl der zur Musterung tatsächlich erschienenen Männer sank kontinuierlich, und dies besonders in den Gebieten außerhalb der alten Kronländer. Ungarn nutzte seine weitgehende Autonomie, um seine eigenen militärischen Strukturen zu entwickeln. Hinzu kam ein Dauerkonflikt zwischen Wien und Budapest um die Finanzierung der k.u.k.-Armee. Angesichts der Krise des multiethnischen Wehrpflichtmodells wurde die symbolisch-personale Integration durch den kaiserlichen Oberbefehlshaber umso wichtiger.

In Russland überwogen trotz der militärischen Niederlage von 1856 zunächst die Argumente gegen die Einführung der Wehrpflicht, weil man fürchtete, sie könne die Funktion der Armee für die soziale Stabilität nach innen gefährden. Multiethnizität spielte in diesen Argumenten keine wichtige Rolle. Wichtiger waren dagegen die zivilen Interessen, die eine Entwicklung der russischen Armee zu einer »Schule der Nation« verhinderten. So erklären sich die zahllosen Möglichkeiten, sich je nach wirtschaftlicher Funktion, Familien- und Bildungsstatus der Wehrpflicht zu entziehen. In den Regimentern sollten 75 Prozent Russen und maximal 25 Prozent nichtrussische Nationalitäten vertreten sein, und Soldaten wurden möglichst fern von ihrer Heimat eingesetzt. Dennoch blieb das Militär ein isoliertes Element innerhalb der Gesellschaft. Für das Konzept einer integrativen Nation in Waffen und die umfassende Militarisierung fehlte das in anderen Gesellschaften um 1900 so charakteristische Netz an Militär- und Veteranenvereinen.

Im Osmanischen Reich stand hinter der Einführung der Wehrpflicht das Motiv, auch Nicht-Muslime zum Wehrdienst heranzuziehen. Von circa 28 bis 29 Millionen Einwohnern kamen zunächst überhaupt nur drei bis fünf Millionen Muslime für die Wehrpflicht in Frage, weil Christen, Juden und zahlreiche Regionen traditionell keine Rolle im osmanischen Militär spielten. Gerade vor dem Hintergrund der jederzeit drohenden europäischen Interventionen suchte das Osmanische Reich den Erweis zu erbringen, dass alle religiösen Gruppen des Reichs gleich behandelt würden. Seit den 1860er Jahren kam ein weiteres Ziel hinzu: Für die an westeuropäischen Nationsmodellen orientierten Anhänger des Osmanismus stellte die Wehrpflicht ein entscheidendes Instrument dar, um alle Untertanen des Osmanischen Staats als Staatsbürger für die Verteidigung ihres Vaterlandes heranzuziehen. In der Praxis aber blieb die Wehrpflicht faktisch die längste Zeit vor 1914 auf Muslime beschränkt. Der Staat konnte nicht auf die Einnahmen aus den Ersatzsteuern verzichten und sah sich zugleich mit massiven Widerständen religiöser und ethnischer Gruppen gegen die Wehrpflicht konfrontiert.

Im Gegensatz zu den multiethnischen Reichen des Kontinents wurde die Wehrpflicht in Großbritannien überhaupt erst unter dem Eindruck des Ersten Weltkriegs 1916 eingeführt. Das war die Konsequenz eines im Vergleich zu den kontinentalen Großreichen lange Zeit geringer ausgeprägten Handlungsdrucks und der geographisch entfernten Konflikte, deren Charakter nicht das Selbstbild einer Nation in Waffen, sondern der Status als Flottenmacht entsprach. Setzte man in der Habsburgermonarchie große Hoffnungen auf die soziale Praxis des Wehrdienstes, die das Nebeneinander der ethnischen Teilgruppen ermöglichen sollte, ergab sich der multiethnische Charakter der britischen Armee aus den militärischen Notwendigkeiten der imperialen *small wars*. Multiethnizität bildete sich hier lange im überproportional hohen Anteil der Iren, Schotten und Waliser in der Armee ab. Lange Zeit stellten gerade Iren einen besonders hohen

Anteil der britischen Kolonialstreitkräfte. Aber erst der Burenkrieg erzwang eine größere Beteiligung der Dominions und der
indigenen Bevölkerung. Aber mit diesem Krieg als *imperial war*
und dem Flottenantagonismus mit Deutschland wurde um 1900
die Idee einer multiethnischen, auch das Empire einbeziehenden
brotherhood in arms als Sicherung der imperialen Existenz
immer intensiver diskutiert. Das nahm die Rolle des Britischen
Empires in beiden Weltkriegen vorweg.

Auch im Blick auf die Wahrnehmung und Umsetzung der
Wehrpflicht zeigt sich also eine charakteristische Orientierung
an europäischen Entwicklungen – vor allem im Blick auf
Frankreich und das Deutsche Reich. Moderne Wehrpflichtarmeen erschienen als Ausweis der Überlebensfähigkeit von Staaten und Gesellschaften. Aber gerade in den multiethnischen
Empires wurde deutlich, dass sich die zeitgenössische Wahrnehmung und konkrete Umsetzung der Wehrpflicht der Intention imperialer Stabilisierung entzogen. Die Umsetzung des
Modells engte vielmehr die Handlungsspielräume der nationalisierenden Empires zunehmend ein.

5. Zusammenfassung und Ausblick: Nationalisierende Empires, imperialisierende Nationalstaaten?

Was bedeuten die vorgestellten Beispiele und Ergebnisse für die künftige Erforschung der Beziehung zwischen Empires und Nationalstaaten im 19. und 20. Jahrhundert?

(1) Die in der Historiographie häufig implizit vorhandene Opposition zwischen multiethnischen Empires und homogenen Nationalstaaten bedarf der Modifizierung und Differenzierung. Sie verstellt den Blick auf vielfältige Prozesse der Angleichung und Mischung zwischen Empires und Nationalstaaten seit dem 19. Jahrhundert. Einerseits zeigte sich in den Empires eine Tendenz zur Anlehnung an nationalstaatliche Ordnungs- und Integrationsvorstellungen, was in zahlreichen Transferprozessen erkennbar wurde. Andererseits griffen die Nationalstaaten selbst imperiale Elemente auf, so vor allem in der überseeischen Expansion, aber auch in der Herrschaftslegitimation und ihrer medialen Vermittlung. Tendenziell begannen die Grenzen zwischen nationalisierenden Empires und imperialisierenden Nationalstaaten dabei zu verschwimmen. Dennoch bildeten das Ausmaß von Multiethnizität und Multireligiösität sowie die Erfahrung im Umgang mit rechtlicher und ethnischer Vielfalt entscheidende Kriterien zur Unterscheidung der Empires von Nationalstaaten, auf die sich die Zeitgenossen selbst immer wieder bezogen.

(2) Die Auseinandersetzung mit dem Modell des Nationalstaats seit den 1850er Jahren – von der Konstitutionalisierung und Fragen der Staatsbürgerschaft über die nationale Konnotation der Monarchie bis hin zur Verwissenschaftlichung des Sozialen und der Wehrpflicht –, wurde immer wieder durch die

Erfahrung von Krisen, zumal militärischen Niederlagen katalysiert. In der Praxis multiethnischer Gesellschaften schränkte die Übernahme solcher Modelle häufig jene Flexibilität der Herrschafts- und Rechtsformen ein, die lange Zeit charakteristisch für die Großreiche gewesen war. Die Integrationsansprüche nationalisierender Empires waren aber selbst häufig eine Reaktion auf eine defensive Konstellation. Aus dieser Spannung erwuchs eine besondere Anfälligkeit vor allem der kontinentaleuropäischen Empires in politischen Krisenphasen seit dem Ausgang des 19. Jahrhunderts, die ihren Untergang indes keinesfalls besiegelten.

(3) Die vergleichende Analyse imperialer Politiken, Symbole, Akteure und Institutionen zeigt, wie imperiale Ansprüche und ihre Umsetzung zunehmend auseinanderfielen. Gerade die Eigendynamik von Instrumenten und Akteuren vor Ort entzog sich vielfach den ursprünglichen Intentionen der imperialen Zentren und ihrer Protagonisten. Viele Werkzeuge ließen sich gegen die Metropole umfunktionieren: So förderte die Umsetzung von nationalstaatlichen Modellen in den multiethnischen Erfahrungsräumen gerade die Nationalisierung einzelner Gruppen. Die Reaktion auf die Türkifizierungsmaßnahmen der Jungtürken im Osmanischen Reich bestand beispielsweise in einem Aufschwung der nationalistischen Bewegungen in Albanien und Makedonien. Im östlichen Europa provozierten die Ansätze der Russifizierung eine entschiedene Opposition der Finnen, Polen und der baltischen Nationalbewegungen. Auch in Indien führte die symbolische Repräsentation der virtuellen Monarchie zum Widerstand der entstehenden Nationalbewegung.

(4) Obgleich die Unterscheidung zwischen Zentrum und Peripherie ein wesentliches Kennzeichen aller Empires war, darf diese Beziehung nicht als eine simple Entgegensetzung zwischen Metropolen und Peripherien verstanden werden. Wichtige Entwicklungsimpulse für die Metropolen stammten immer wieder aus Rückwirkungen, die sich zunächst in den Randgebieten entwickelt hatten. Vielfach wirkten die Peripherien als Testfeld und Laboratorien der Empires. Die Überwindung eines starren Antagonismus scheint auch für die Bezeichnungen »kolonial« und »imperial« nahezuliegen. In vielen Fällen konnten zeitgenössische Akteure sich sowohl als koloniale Objekte wie auch als

imperiale Subjekte verstehen. Iren betrachteten sich gegenüber London als Kolonisierte, aber sie stellten lange Zeit zugleich einen überproportional hohen Anteil des britischen Kolonialmilitärs. Ein ähnlich situatives Verständnis von »kolonial« und »imperial« ließe sich auch für die Magyaren in Ungarn anwenden, die sich gegenüber der k.u.k.-Regierung als Objekte des Empires wahrnahmen, gegenüber ihren rumänischen, kroatischen oder deutschen Gruppen aber selber kolonisierende Praktiken anwendeten.

(5) Innerimperiale Konflikte und Kriegserfahrungen spitzten seit den 1850er Jahren die Frage nach der Leistungs- und damit nach der Zukunftsfähigkeit der multiethnischen Empires zu. Wenn sich alternative Ansätze – etwa eine Commonwealth- bzw. Föderationsidee im britischen Herrschaftsraum oder das historische Experiment der Habsburgermonarchie mit »zwei Staaten« und »zehn historischen Völkern« – nicht umsetzen ließen, so lag das weniger an echten Sezessionsnationalismen vor 1914. Das Gros der Nationalbewegungen forderte Autonomie innerhalb eines reformierten Empires, und noch 1918 sprach sich der österreichische Sozialist Karl Renner für einen habsburgischen »Staat von Nationalitäten« aus, »um ein Bespiel für die künftige nationale Ordnung der Menschheit zu bieten«.[1]

Entscheidend wurde vielmehr, dass alle Kriegsakteure nach 1914 das nationale Deutungsmuster aktivierten, um nach innen und außen Verbündete zu gewinnen. Damit wurden im Ersten Weltkrieg nicht nur soziale und politische Partizipationserwartungen provoziert, sondern auch umfassende nationalpolitische Erwartungen in den Gesellschaften der multiethnischen Großreiche. Das erklärte die Unterstützung aus London und Paris für arabische Unabhängigkeitsbewegungen gegen das Osmanische Reich, aber auch die Angst der Briten vor einer osmanischen Strategie, die Inder zum Aufstand gegen die britische Herrschaft aufzuwiegeln. Die vielfältigen nationalpolitischen Erwartungen steigerten sich mit zunehmender Dauer des Krieges. Insofern radikalisierte der Erste Weltkrieg mit seiner bisher unbekannten Mobilisierung von Ressourcen und Loyalitäten die Frage nach der staatlichen Effizienz. Das galt für alle Beteiligten, aber in besonderer Weise für die Empires: Unter dem Eindruck des totalisierten Krieges wurde die prekäre Balance zwischen symbolischer Integration und akzeptierter Koexistenz nationaler Gruppen schwieriger. Im Osmanischen Reich führte die Kombination aus hohen Desertionsraten unter Nicht-Muslimen und militärischen Niederlagen zu einer gezielten Repression der Behörden gegen die Armenier. In der Habsburgermonarchie brachte der Krieg nicht nur neue nationale Spannungen hervor, sondern vor allem auch soziale Konflikte wie die destabilisierenden Hungersnöte der letzten Kriegsjahre. In Russland führte die staatliche Wendung gegen fremdnationale Oberschichten zu einer zunehmend bedrohlichen antiimperialen Dynamik vor Ort. Zu echten Sezessionsnationalismen kam es aber aber erst, als die Empires ihre Schutzfunktionen gegenüber den verschiedenen Gruppen und Räumen nicht mehr überzeugend erfüllen konnten. Für das Britische Empire bedeutete der Erste Weltkrieg schließlich die Entstehung einer neuen Beziehung zwischen Metropole, Dominions und Kolonien, in der Großbritannien immer mehr von den Kriegsleistungen des Empires abhängig wurde, um seine Position innerhalb Europas halten zu können.

(6) Der hier vorgestellte Vergleich der Großreiche im langen 19. Jahrhundert soll keiner Reidealisierung der historischen Empires Vorschub leisten, um am Ende Lehren aus vermeintlichen Vorbildern abzuleiten. Er zeigt vielmehr die Komplexität von konkreten Strukturen, Prozessen und Akteuren, die sich einfachen Analogien und historiographischen Prämissen vom unausweichlichen Untergang der Empires entziehen. Der Vergleich konturiert demgegenüber die Spezifik der zeitgenössischen Herausforderungen und der Antworten darauf.[2] Aus dieser Perspektive gehören die Empires zum Kern einer europäischen Geschichte in vergleichender Absicht.

Anmerkungen

1. Einleitung: Die multiethnischen Empires und das Modell des Nationalstaats im 19. Jahrhundert

1 Vgl. etwa Paul Kennedy, *Aufstieg und Fall der großen Mächte. Ökonomischer Wandel und militärischer Konflikt von 1500 bis 2000*, Frankfurt am Main ³2002; Richard Lorenz (Hg.), *Das Verdämmern der Macht. Vom Untergang großer Reiche*, Frankfurt am Main 2000; Emil Brix, Klaus Koch und Elisabeth Vyslonzil (Hg.), *The Decline of Empires*, München 2001; Stephen Howe, *Empire. A Very Short Introduction*, Oxford 2002; Niall Ferguson, *Empire. How Britain Made the Modern World*, London 2003; ders., *Colossus. The Rise and Fall of the American Empire*, London 2004; Herfried Münkler, *Imperien. Die Logik der Weltherrschaft vom Alten Rom bis zu den Vereinigten Staaten*, Berlin 2005.

2 Vgl. Jürgen Osterhammel, »Imperien«, in: Gunilla Budde, Sebastian Conrad und Oliver Janz (Hg.), *Transnationale Geschichte. Themen, Tendenzen und Theorien*, Göttingen 2006, S. 56–67.

3 Vgl. Otto Hoetzsch, »Föderalismus und Fürstengewalt (Absolutismus) in der Geschichte Osteuropas vom 16. bis 18. Jahrhundert«, in: ders., *Osteuropa und Deutscher Osten*, Königsberg 1934, S. 102 ff.

4 Theodor Schieder, »Idee und Gestalt des übernationalen Staates seit dem 19. Jahrhundert«, in: *Historische Zeitschrift* 184 (1957), S. 336–366.

5 Zitiert nach: Jacques Rupnik, *The Other Europe*, London 1988, S. 41.

6 Vgl. Harald Heppner, *Czernowitz. Die Geschichte einer ungewöhnlichen Stadt*, Wien 2000; Ulrike von Hirschhausen, *Die Grenzen der Gemeinsamkeit. Deutsche, Letten, Russen und Juden in Riga 1860–1914*, Göttingen 2006; Mark Mazower, *Salonica. City of Ghosts. Christians, Muslims and Jews 1430–1950*, London 2004; Mark Mazower, *Der dunkle Kontinent. Europa im 20. Jahrhundert*, Berlin 2000, S. 73 ff.

7 Vgl. Peter Alter, *Nationalismus*, Frankfurt am Main 1985, S. 96 – 118;
   Hagen Schulze, *Staat und Nation in der europäischen Geschichte*,
   München ²1995, S. 209 – 277; Wolfgang Reinhard, *Geschichte der
   Staatsgewalt. Eine vergleichende Verfassungsgeschichte Europas von
   den Anfängen bis zur Gegenwart*, München 1999, S. 440 – 458.

8 Vgl. Dieter Langewiesche und Dieter Dowe (Hg.), *Europa 1848. Revolution und Reform*, Bonn 1990; Hagen Schulze, *Staat und Nation in der
   europäischen Geschichte*, München ²1995, S. 209 – 277; Reinhard, *Geschichte*, S. 440 – 458.

9 Pasquale Mancini, *Della Nazionalità come fondamento del diritto delle
   genti*, Turin 1851, zitiert nach: Peter Alter, »Der Triumph des Nationalstaats«, in: Dirk Ansorge, Dieter Geuenich und Wilfried Loth (Hg.),
   Wegmarken europäischer Zivilisation, Göttingen 2001, S. 319 – 333,
   hier: S. 324.

10 Vgl. Jörn Leonhard, *Bellizismus und Nation. Kriegsdeutung und Nati-
   onsbestimmung in Europa und den Vereinigten Staaten 1750 – 1914*,
   München 2008.

11 Vgl. Sebastian Conrad und Jürgen Osterhammel (Hg.), *Das Kaiserreich
   transnational. Deutschland in der Welt 1871 – 1914*, Göttingen 2004.

12 Vgl. Robert Gildea, *Barricades and Borders. Europa 1800 – 1914*, London 1987, S. 96 ff.; Dan Diner, *Das Jahrhundert verstehen. Eine uni-
   versalhistorische Deutung*, Frankfurt am Main 2000, S. 28.

13 Vgl. Jürgen Osterhammel, »Europamodelle und imperiale Kontexte«,
   in: *Journal of Modern European History* 2 (2004) 2, S. 157 – 181; ders.,
   Die Verwandlung der Welt. Eine Geschichte des 19. Jahrhunderts,
   München 2009, S. 565 – 672; Christopher A. Bayly, *Die Geburt der
   modernen Welt. Eine Globalgeschichte 1780 – 1914*, Frankfurt am Main
   2006, S. 248 – 300.

14 Karen Barkey und Mark von Hagen (Hg.), *After Empire – Multiethnic
   Societies and Nation-building: The Soviet Union and the Russian, Ott-
   oman and Habsburg Empires*, Boulder 1997; Dominic Lieven, *Empire.
   The Russian Empire and its Rivals*, London 2000; Aviel Roshwald,
   *Ethnic Nationalism and the Fall of Empires. Central Europe, Russia and
   the Middle East 1914 – 1923*, London 2001; Alexei Miller und Alfred J.
   Rieber (Hg.), *Imperial Rule*, Budapest 2004; Jonathan Hart, *Comparing
   Empires*, London 2003; Jürgen Osterhammel, »Russland und der Vergleich zwischen Imperien. Einige Anknüpfungspunkte«, in: *Compa-
   rativ* 18 (2008) 2, S. 11 – 26.

2. Monarchie als Ritual: Imperiale Inszenierungen und Repräsentationen

1 Vgl. Ernest Renan, »Qu'est-ce qu'une nation? Conférance fait en Sorbonne, le 11 mars 1882«, in: ders., *Discours et Conférences*, Paris ⁷1922, S. 277–310; Michael North (Hg.), *Kommunikationsrevolutionen. Die neuen Medien des 16. und 19. Jahrhunderts*, Köln 1995.

2 Vgl. Eric Hobsbawm und Terence Ranger (Hg.), *The Invention of Tradition*, Cambridge 1983; Ulrike von Hirschhausen und Jörn Leonhard, »Nationalismen im West-Ost-Vergleich: Von der Typologie zur Differenzbestimmung«, in: dies. (Hg.), *Nationalismen in Europa. West- und Osteuropa im Vergleich*, Göttingen 2001, S. 11–45.

3 Vgl. Martin Kirsch, *Monarch und Parlament im 19. Jahrhundert. Der monarchische Konstitutionalismus als europäischer Verfassungstyp*, Göttingen 1999; Ronald G. Asch und Jörn Leonhard, »Monarchie«, in: Friedrich Jaeger (Hg.), *Enzyklopädie der Neuzeit*, Bd. 8, Stuttgart 2008, Sp. 675–696, hier: Sp. 690–693.

4 Vgl. David E. Barclay, »Ritual, Ceremonial and the ›Invention‹ of Monarchical Tradition in Nineteenth-Century Prussia«, in: Heinz Duchhardt (Hg.), *European Monarchy*, Stuttgart 1992, S. 207–220.

5 Vgl. Martin Kohlrausch, *Der Monarch im Skandal. Die Logik der Massenmedien und die Transformation der wilhelminischen Monarchie*, Berlin 2005.

6 Vgl. Reinhard, *Geschichte*, S. 426–431.

7 Vgl. Johannes Paulmann, *Pomp und Politik. Monarchenbegegnungen in Europa zwischen Ancien Régime und Erstem Weltkrieg*, Paderborn 2000, S. 105; Martin Kirsch, »Um 1804. Wie der konstitutionelle Monarch zum europäischen Phänomen wurde«, in: Bernhard Jussen (Hg.), *Die Macht des Königs. Herrschaft in Europa vom Frühmittelalter bis in die Neuzeit*, München 2005, S. 350–365, hier: S. 363 ff.; Monika Wienfort, *Monarchie in der bürgerlichen Gesellschaft. Deutschland und England von 1640 bis 1848*, Göttingen 1993.

8 Vgl. Max Weber, *Wirtschaft und Gesellschaft. Grundriß der verstehenden Soziologie*, Tübingen 1972, S. 122 ff.

9 Arthur Rawson Ashwell, *Life of the Right Reverend Samuel Wilberforce, D. D., Lord Bishop of Oxford*, London 1882, S. 202.

10 Vgl. Alan J. Lee, *The Origins of the Popular Press in England, 1855–1914*, London 1976; David Cannadine, *Die Erfindung der britischen Monarchie*, Berlin 1994, S. 22 ff.

11 Vgl. Linda Colley, *Britons. Forging the Nation 1707–1837*, London 1992, S. 208–250. Vgl. L. A. Knight, »The Royal Titles Act and India«, in: *Historical Journal* 11 (1968), S. 488–507.

12 Vgl. Jürgen Osterhammel, »Symbolpolitik und imperial Integration: Das britische Empire im 19. und 20. Jahrhundert«, in: Bernhard Giesen, Jürgen Osterhammel und Rudolf Schlögl (Hg.), *Die Wirklichkeit der Symbole*, Konstanz 2004, S. 395–421.

13 Vgl. Keith Jeffrey, »Crown, Communication and the Colonial Post: Stamps, the Monarchy and the British Empire«, in: *Journal of Imperial and Commonwealth History* 34 (2006) 1, S. 45–70.

14 A. Berriedale Keith, *The King and the Imperial Crown: The Powers and Duties of His Majesty*, London 1936, S. 400–452; Douglas E. Haynes, »Imperial Ritual in a Local Setting: The Ceremonial Order in Seurat, 1890–1939«, in: *Modern Asian Studies* 24 (1990), S. 301; vgl. David Cannadine, *Ornamentalism. How the British saw their Empire*, London 2001, S. 101 und 105.

15 Vgl. Jim English, »Empire Day in Britain, 1904–1958«, in: *Historical Journal* 49 (2006) 1, S. 247–276; Gavin Stamp, *London, 1900*, London 1978, S. 304 ff.; Helke Rausch, *Kultfigur und Nation. Öffentliche Denkmäler in Paris, Berlin und London 1848–1914*, München 2005, S. 405–411; Cannadine, *Erfindung*, S. 34 ff.

16 Vgl. John Bodley, *The Coronation of Edward the Seventh. A Chapter of European and Imperial History*, London 1903; Philip Ziegler, *Crown and People*, Newton Abbot 1979, S. 56; Percy Ernst Schramm, *A History of the English Coronation*, Oxford 1937, S. 104; Cannadine, *Erfindung*, S. 27.

17 Zitiert nach: William R. Louis, *The British Empire in the Middle East, 1945–1951: Arab Nationalism, the United States and Post-War Imperialism*, Oxford 1984, S. 692; vgl. Cannadine, *Ornamentalism*, S. 113 f.

18 Vgl. ebd., S. 114 f.

19 John Colville, *The Fringes of Power: Downing Street Diaries, 1939–1955*, London 1985, S. 620; vgl. Terence Ranger, »Invention of Tradition in Colonial Africa«, in: Hobsbawm/Ranger, *Invention*, S. 211–262; Phillip Bruckner, »The Royal Tour of 1901 and the Construction of an Imperial Identity in South Africa«, in: *South African Historical Journal* 41 (1999), S. 324–348; Cannadine, *Ornamentalism*, S. 118.

20 Vgl. Michael Mann, »Pomp and Circumstance in Delhi, 1876–1937 oder: Die ›hohle Krone‹ des British Raj«, in: Peter Brandt, Arthur Schlegelmilch und Reinhard Wendt (Hg.), *Symbolische Macht und inszenierte Staatlichkeit. ›Verfassungskultur‹ als Element der Verfassungsgeschichte*, Bonn 2005, S. 101–134, hier: S. 103 ff.

21 Vgl. Alan Trevithick, »Some structural and sequential aspects of the British imperial assemblages at Delhi: 1877–1911«, in: *Modern Asian Studies* 24 (1990), S. 561–578; Mann, »Pomp«, S. 105 ff.

22 Vgl. Robert Taylor, *The Princely Armory, being a display of the arms of*

the ruling chiefs of India after their banners as prepared for the Imperial Assemblage held at Delhi on the first day of January 1877, Calcutta 1877; J. Talboys Wheeler, *The History of the Imperial Assemblage at Delhi*, London 1877.

23 Valentine C. Princep, *Imperial India: An Artist's Journal*, London 1879, S. 20 und 29, zitiert nach: Hari Krishen Kaul, *Historic Delhi: An Anthology*, Delhi 1996, S. 413; vgl. Mann, »Pomp«, S. 109 ff.

24 Vgl. Stephen Wheeler, *History of the Delhi Coronation Durbar. Held on the first of January 1903 to celebrate the coronation of His Majesty King Edward VII Emperor of India*, London 1904; vgl. Mann, »Pomp«, S. 118 ff.

25 Vgl. Trevithick, »Aspects«, S. 575

26 *Hindu Rajnika*, 8.3.1876, zitiert nach: Trevithick, »Aspects«, S. 564; vgl. Mann, »Pomp«, S. 125.

27 Vgl. Charles W. Nuckolls, »The Durbar Incident«, in: *Modern Asian Studies* 24 (1990), S. 229–259; vgl. Mann, »Pomp«, S. 126 ff.

28 Vgl. Anna Clarkson, »Pomp, Circumstance, and Wild Arabs: The 1912 Royal Visit to Sudan«, in: *Journal of Imperial and Commonwealth History* 34 (2006) 1, S. 71–85.

29 Karl Vocelka, *Glanz und Untergang der höfischen Welt. Repräsentation, Reform und Reaktion im habsburgischen Vielvölkerstaat*, Wien 2001.

30 *Neue Titulatur und Wapen Seiner Römisch- und Österreichisch-Kaiserlich auch Königlich-Apostolischen Majestät nach den durch den Luneviller Friedensschluß herbey geführten Veränderungen und der Allerhöchsten Pragmatikalverordnung vom elften August 1804*, Wien 1804, Haus-, Hof-und Staatsarchiv, Wien (im folgenden HHStA), Neue Zeremonialakten 1–2.

31 (Ferdinand Leopold Graf Schirndinger v. Schirnding), *Österreich im Jahre 1840. Staat und Staatsverwaltung. Verfassung und Kultur*, Bd. 1, Leipzig 1840, S. 45.

32 Vgl. Emil Brix und Hannes Stekl (Hg.), *Der Kampf um das Gedächtnis. Öffentliche Gedenktage in Mitteleuropa*, Köln 1997; Maria Bucur und Nancy Wingfield (Hg.), *Staging the Past. The Politics of Commemoration in Habsburg Central Europe, 1848 to the Present*, West Lafayette 2001; Daniel Unowsky, *The Pomp and Politics of Patriotism: Imperial Celebrations in Habsburg Austria*, West Lafayette 2005.

33 Zur Böhmischen Krönung in Prag 1836 vgl. HHStA, Neue Zeremonialakten 13–16; ZA Zeremonialprotokolle 56, SR 75; zur Lombardo-Venetianischen Krönung in Mailand 1838: HHStA, Neue Zeremonialakten 3b, 4, 5; ZA Zeremonialprotokolle 57.

34 Daniel Unowsky, »Reasserting Empire: Habsburg Imperial Celebrations after the Revolution of 1848–1849«, in: Bucur/Wingfield, *Past*, S. 13–45.

35 Vgl. Péter Hanák, *Ungarn in der Donaumonarchie. Probleme der bürgerlichen Umgestaltung eines Vielvölkerstaates*, Wien 1984; ders., *1867 – európai térben és időben*, Budapest 2001; ders., *Der österreichischungarische Ausgleich von 1867. Seine Grundlagen und Auswirkungen*, München 1968.

36 Vgl. Alice Freifeld, *Nationalism and the Crowd in Liberal Hungary 1848–1914*, Washington 2000; Brigitte Hamann, *Elisabeth. Kaiserin wider Willen*, Frankfurt am Main 1987.

37 Vgl. die französischen Vorbilder, beispielsweise Napoleon III. Eröffnung der Pariser Weltausstellung 1855, in: HHStA, Zeremonialakten, Sonderreihe 7, 8; sowie die englischen Vorbilder in: HHStA, Neue Zeremonialakten, Nr. 141, 142, 143.

38 Vgl. *Der Huldigungs-Festzug. Eine Schilderung und Erklärung seiner Gruppen, Kaiser-Jubiläums-Festlichkeiten*, Wien 1908; Elisabeth Grossegger, *Der Kaiser-Huldigungs-Festzug Wien 1908*, Wien 1982; Steven Beller, »Kraus' Firework. State Consciousness Raising in the 1908 Jubilee Parade in Vienna and the Problem of Austrian Identity«, in: Bucur/Wingfield, *Past*, S. 46–72.

39 *Die Fackel*, 19.6.1908, S. 1.

40 Ebd., S. 3.

41 Richard S. Wortman, *Scenarios of Power: Myth and Ceremony in Russian Monarchy*, Bd. 1: *From Peter the Great to the Death of Nicholas I*, Princeton 1995; Bd. 2: *From Alexander II to the Abdication of Nicholas II*, Princeton 2006; vgl. David Cannadine (Hg.), *Rituals of Royalty: Power and Ceremonial in Traditional Societies*, Cambridge 1992; Michael Cherniavsky, *Tsar and People: Studies in Russian Myth*, New York 1969.

42 Dominic Lieven, *The Aristocracy in Europe*, New York 1993; Andreas Kappeler, *Rußland als Vielvölkerreich*, München 1993.

43 W. Bruce Lincoln, *Nicholas I. Emperor and Autocrat*, Indiana 1978; Vues de cérémonies les plus interessantes du couronnement de leurs Majestés Impériales l'Empereur Nicholas Ier et l'Impératrice Alexandra à Moscou, Paris 1828; Edith Clowes (Hg.), *Between Tsar and People. Educated Society and the quest for public identity in late imperial Russia*, Princeton 1991.

44 1. Zitat: F. M. Dostoevskij, Polnoe Sobranie Sočinenij, Bd. 27, Leningrad 1984, S. 36, zitiert nach: Kappeler, *Vielvölkerreich*, S. 176; 2. Zitat: Théophile Gautier, *Russia*, Philadelphia 1905, zitiert nach: Wortman, *Scenarios*, Bd. 2, S. 52.

45 Thomas Barret, »The Remaking of the Lion of Dagestan. Shamil in Captivity«, in: *Russian Review* 53 (1994), S. 353–366; David Hendrik Schimmelpenninck van der Oje, *Ex Oriente Lux. Ideologies of Empire and Russia's Far East, 1895–1904*, Yale 1997; Andreas Renner, *Russi-*

scher Nationalismus und Öffentlichkeit im Zarenreich 1855–1875, Böhlau 2000.

46 Zitiert nach: Wortman, *Scenarios*, Bd. 2, S. 219.

47 Jeffrey Brooks, *When Russia learned to read*, Princeton 1985; Louise McReynolds, *The News under Russias Old Regime*, Princeton 1991.

48 Vgl. Selim Deringil, *The Well-Protected Domains. Ideology and the Legitimization of Power in the Ottoman Empire 1876–1909*, London 1998, S. 16–43.

49 Vgl. Şerif Mardin, *The Genesis of Young Ottoman Thought*, Princeton 1962, S. 60.

50 Zitiert nach: Selim Deringil, »The Invention of Tradition as Public Image in the Late Imperial Empire, 1808 to 1908«, in: *Comparative Studies in Society and History* 35 (1993) 1, S. 3–29, hier: S. 11; vgl. Jacob C. Hurewitz, *The Middle East and Africa in World Politics*, New Haven 1975, S. 269 ff.

51 Vgl. Carter Fidley, »The Advent of Ideology in the Islamic Middle East«, in: *Studia Islamica* 56 (1982), S. 171; Donald Quataert, *The Ottoman Empire, 1700–1922*, Cambridge 2000, S. 89–98.

52 Vgl. Deringil, »Invention«, S. 6 f.

53 Vgl. ebd., S. 9 f.

54 Vgl. Hakan Karateke, »Legitimizing the Ottoman Sultanate: A Framework for Historical Analysis«, in: ders. und Maurus Reinkowski (Hg.), *Legitimizing the Order: The Ottoman Rhetoric of State Power*, Leiden 2005, S. 13–52; Edhem Eldem, *Pride and Privilege: A History of Ottoman Orders, Medals and Decorations*, Istanbul 2004.

55 Zitiert nach: Deringil, »Invention«, S. 10.

56 Vgl. *Encyclopedia of Islam*, Leiden 1987, S. 96; Deringil, »Invention«, S. 8 f.

57 Vgl. Stephen Duguid, »The Politics of Unity: Hamidian Policy in Eastern Anatolia«, in: *Middle Eastern Studies* 9 (1973), S. 139–155.

58 William R. Mitchell, »The Intermixture of Races in Asia Minor«, in: *Proceedings of the British Academy* (1915/16), S. 359–422; vgl. Deringil, »Invention«, S. 11.

59 Vgl. Selim Deringil, »Ottoman Counter-Propaganda against Shi'ism in Hamidian Iraq 1880–1900«, in: *Die Welt des Islams* 30 (1990), S. 45–62; ders., »Invention«, S. 20 f.

60 Vgl. ebd., S. 11 f.

61 Vgl. William Ochsenwald, *Religion and State in Arabia. The Hicaz under Ottoman Control 1840–1908*, Columbus 1984.

62 Vgl. Duguid, »Politics«, S. 139.

63 Vgl. Bernard S. Cohn, »Representing Authority in India«, in: Eric Hobsbawm und Terence Ranger (Hg.), *The Invention of Tradition*,

Cambridge 2000, S. 165–209, hier: S. 174; Deringil, »Invention«, S. 21 ff.

64 Vgl. William Ochsenwald, *The Hicaz Railroad*, Charlottesville 1980, S. 76 ff.; Deringil, »Invention«, S. 25.

65 William Muir, *The Caliphate: Its Rise, Decline and Fall* (From Original Sources), London 1891, S. 590; vgl. Deringil, »Invention«, S. 27.

66 Vgl. Richard Wortman, »Moscow and Petersburg: The Problem of Political Center in Tsarist Russia 1881–1914«, in: Sean Wilentz (Hg.), *Rites of Power*, Philadelphia 1985, S. 244–275; Istvan Déak, »The Habsburg Monarchy: The Strengths and Weaknesses of a Complex Patrimony«, in: *Monarchisches Symposium*, Columbia University, October 26–27, 1990; Carol Gluck, *Japan's Modern Myths*, Princeton 1985, S. 39; vgl. Deringil, »Invention«, S. 28 f.

67 Vgl. Christiane Wolf, »Monarchen als religiöse Repräsentanten der Nation um 1900? Kaiser Wilhelm II., Königin Viktoria und Kaiser Franz Joseph im Vergleich«, in: Heinz-Gerhard Haupt und Dieter Langewiesche (Hg.), *Nation und Religion in Europa. Mehrkonfessionelle Gesellschaften im 19. und 20. Jahrhundert*, Frankfurt am Main 2004, S. 153–172.

3. Kampf um Zahlen: Der Zensus als imperiales Herrschaftsmittel

1 Vgl. Jürgen Osterhammel, *Kolonialismus: Geschichte – Formen – Folgen*, München ⁵2006; Stephen Howe, *Ireland and Empire: Colonial Legacies in Irish History and Culture*, Oxford 2000; Bernhard Porter, *The Absent-Minded Imperialists: Empires, Society and Culture in Britain*, Oxford 2004.

2 *Golos*, 27.11.1865, zitiert nach: Renner, *Nationalismus*, S. 263; vgl. Daniel R. Headrick, *The Tools of Empire. Technology and European Imperialism*, Oxford 1981.

3 Als Gründungstext der *New Imperial History* vgl. Ann Laura Stooler und Frederick Cooper, »Between Metropole and Colony. Rethinking a Reserach Agenda«, in: dies. (Hg.), *Tensions of Empire. Colonial Cultures in a Bourgeois World*, Berkeley 1997, S. 1–56; Daniel Brower und Edward Lazzerini (Hg.), *Russia's Orient. Imperial Borderlands and Peoples 1700–1971*, Bloomington 1997.

4 H. Beverly, »Report on the Census of Bengal 1872«, zitiert nach: Bernhard Cohn, »The Census Social Structure and Objectification in South Asia«, in: ders., *An Anthropologist among the Historians and Other Essays*, Oxford 1990, S. 242.

5 Alain Desroisière, *Die Politik der großen Zahlen. Eine Geschichte der*

statistischen Denkweise, Berlin 2005; Theodore M. Porter, *The Rise of Statistical Thinking*, Princeton 1986.

6 Williard Sunderland, *Taming the wild Field. Colonization and Empire on the Russian Steppe*, Ithaca 2004; Nicholas Breyfogle et al. (Hg.), *Peopling the Russian Periphery. Borderland Colonization in Eurasian History*, London 2007.

7 *Denkschrift der k.k. Statistischen Zentralkommission zur Feier ihres fünfzigjährigen Bestands*, Wien 1913, S. 76; zu den Kongressen, die regelmäßig zwischen 1853 und 1878 stattfanden vgl. Harald Westergaard, *Contributions to the History of Statistics*, London 1932, S. 172 – 190; F. X. von Neumann-Spallart, *Die Erfolge der internationalen statistischen Congresse 1853 – 1876 und Vorschläge zur Gründung eines Institut international de Statistique*, Wien 1885.

8 Vgl. Rudolf Kleeberg, *Die Nationalitätenstatistik, ihre Ziele, Methoden und Ergebnisse*, Weida 1915, Kap. 2; David Kertzer (Hg.), *Census and Identity. The Politics of Race, Ethnicity and Language in National Censuses*, Cambridge 2002.

9 Vgl. Alfred Gürtler, *Die Volkszählungen Maria Theresias und Josef II. 1753 – 1790*, Innsbruck 1909; Anton Tantner, *Ordnung der Häuser, Beschreibung der Seelen. Hausnummerierung und Seelenkonskription in der Habsburgermonarchie*, Innsbruck 2007; für das 19. Jahrhundert vgl. die exzellente Studie von Emil Brix, *Die Umgangssprachen in Altösterreich zwischen Agitation und Assimilation. Die Sprachenstatistik in den zisleithanischen Volkszählungen 1880 – 1910*, Wien 1982. Zur Vereinfachung für heutige Leser und entsprechend dem Sprachgebrauch der Zeitgenossen wird statt des formalen Begriffs Cisleithanien, der seit 1867 die nichtungarischen Gebiete der Habsburgermonarchie bezeichnete, im folgenden auch der Gesamtbegriff Habsburgermonarchie verwandt, vgl. Erich Zöllner, *Der Österreichbegriff. Formen und Wandlungen in der Geschichte*, Wien 1988.

10 Belehrung zur Ausfüllung des Aufnahmebogens, Hauszettel zur Volkszählung vom 31.12.1900, S. 39, Allgemeines Österreichisches Verwaltungsarchiv, Wien (im folgenden AVA), Sign. 33/1, Volkszählung Inland, Karton 2348.

11 K.k. Statistische Zentralkommission an das Ministerium des Inneren, 15.6.1910, AVA, Sign. 33/1 Volkszählung Inland, Karton 2348.

12 Vgl. Jan Křen, *Die Konfliktgemeinschaft. Tschechen und Deutsche 1780 – 1918*, München 1996; Gary Cohen, *The Politics of Ethnic Survival. Germans in Prague 1861 – 1914*, Princeton 1981; Jeremy King, *Budweisers into Czechs and Germans. A Local History of Bohemian Politics*, Princeton 2002.

13 Petition der böhmischen Reichsratsabgeordneten betreffend der Durchführung der nächsten Volkszählung an den k.k. Innenminister,

7.8.1908, AVA, Sign. 33/1 Volkszählung Inland, Karton 2347; vgl. Gerald Stourzh, *Die Gleichberechtigung der Nationalitäten in der Verfassung und Verwaltung Österreichs 1848 – 1918*, Wien 1985.

14   A. Kotel'nikov, *Istorija proizvodstva i razrabotki vseobščej perepisi naselenija 28 go. Janvarja 1897.g.*, St. Petersburg 1909; *Jubilejny sbornik central' nago statističeskago komiteta ministerstva vnutrennich del*, St. Petersburg 1913.

15   Vgl. *Pervaja vseobščaja perepis' naselenija Rossijskoj Imperii, 1897 g.; obščij svod po imperii rezul'tatov razrabotki dannych pervoj vseobščej perepisi naselenija* (Allgemeine Sammlung der Ergebnisse der Daten der 1. allgemeinen Volkszählung im Imperium), 2 Bde., St. Petersburg 1905; Henning Bauer, Andreas Kappeler und Brigitte Roth (Hg.), *Die Nationalitäten des Russischen Reiches in der Volkszählung von 1897*, Stuttgart 1991; Lee Schwartz, »History of the Russian and Soviet Census«, in: Ralph S. Clem (Hg.), *Research Guide to the Russian and Soviet Censuses*, New York 1986, S. 48 – 69; W. Bruce Lincoln, *Petr Petrovich Semenov-Tian Shanskii. The Life of a Russian Geographer*, Newtonville 1980.

16   Zakonoproekt o svobode sovesti 1907 – 1908, S. 3 – 4; zitiert nach: Juliette Cadiot, »Searching for Nationality: Statistics and National Categories at the End of the Russian Empire (1897 – 1917)«, in: *The Russian Review* 64 (2005), S. 446; Charles Steinwedel, »Making Social Groups at a Time: The Identification of Individuals by Estate, Religious Confession and Ethnicity in Late Imperial Russia«, in: Jane Caplan und John Torpe (Hg.), *Documenting Individual Identity: The Development of State Practices in the Modern World*, Princeton 2001, S. 67 – 82; Williard Sunderland, »Russians into Iakuts? ›Going Native‹ and the Problems of Russian National Identity in the Siberian North 1870 – 1914«, in: *Slavic Review* 55 (1996), S. 806 – 825.

17   Vgl. Hans-Jakob Tebarth, »Geschichte der Volkszählung«, in: Bauer/Kappeler/Roth, *Nationalitäten*, S. 25 – 87.

18   *Rigaer Zeitung*, 26.9.1881, zitiert nach: von Hirschhausen, *Grenzen*, S. 60; Daniel Beauvois, *La bataille de la terre en Ukraine 1863 – 1914. Les Polonais et le conflits socio-ethnique*, Lille 1993.

19   Mehmet Hacısalihoğlu, »Inclusion and Exclusion: Conscription in the Ottoman Empire« in: *Journal of Modern European History* 5 (2007) 2, S. 264 – 286.

20   Vgl. Kemal H. Karpat, *Ottoman Population 1830 – 1914. Demographic and Social Characteristics*, Madison 1985; Justin McCarthney, *The Population of Palestine. Population History and Statistics of the Late Ottoman Period and the Mandate*, New York 1990; Zafer Toprak, »Osmanlı Devleti'nde Sayısallaşma yada Çağdaş İstatistiğin Doğuşu«,

in: Halil İnalcık und Şevket Pamuk (Hg.), *Osmanlı Devleti'nde Bilgi ve İstatistik / Data and Statistics in the Ottoman Empire*, Ankara 2000.

21 Vgl. Salaheddin Bey, *La Turquie à l'Exposition universelle de 1867*, Paris 1867; Élisée Reclus, *Nouvelle géographie universelle, la Terre et les hommes l'Europe méridionale*, Paris 1875; E. G. Ravenstein, »The Population of Russia and Turkey«, in: *Journal of the Royal Statistical Society* 40 (1877), S. 433–467.

22 Vgl. Karpat, *Population*, S. 26; Ralph Melville und Hans-Jürgen Schröder (Hg.), *Der Berliner Kongress von 1878. Die Politik der Großmächte und die Probleme der Modernisierung in Südosteuropa in der zweiten Hälfte des 19. Jahrhunderts*, Wiesbaden 1982.

23 Samuel Sullivan Cox, *Diversions of a Diplomat in Turkey*, New York 1887, S. 37.

24 Vgl. Mete Tuncy Mete und Jan-Erik Zürcher (Hg.), *Socialism and Nationalism in the Ottoman Empire 1876–1923*, London 1994; Fikret Adanır und Bernd Bonwetsch (Hg.), *Osmanismus, Nationalismus und der Kaukasus. Muslime und Christen, Türken und Armenier im 19. und 20. Jahrhundert*, Wiesbaden 2005.

25 Vgl. Karpat, *Population*, Kap. 3.

26 Zitiert nach: ebd., S. 52.

27 Vgl. Edward Higgs, *A Clearer Sense of the Census. The Victorian Censuses and Historical Research*, London 1986; David Victor Glass, *Numbering the People. The 18th Century Population Controversy and the Development of Census and Vital Statistics in Britain*, London 1973; Michael J. Cullen, *The Statistical Movement in Early Victorian Britain. The Foundations of Empirical Social Research*, New York 1975.

28 Vgl. Biswamoy Pati, *The 1857 Rebellion*, New Delhi 2008; Christopher Herbert, *War of no Pity. The Indian Mutiny and Victorian Trauma*, Princeton 2008.

29 Beverly, »Report«, zitiert nach: Cohn, *Census*, S. 242.

30 Vgl. Victor Gordon Kiernan, *Colonial Empires and Armies*, Montreal 1998; David E. Omissi, *The Sepoy and the Ray. The Indian Army 1860–1940*, London 1994.

31 Vgl. Henry Scholberg, *The District Gazetters of British India. A Bibliography*, Zug 1970; Deepak Kumar, *Science and the Raj 1857–1905*, Oxford 1997.

32 Government of India Memorandum of the Census of British India of 1871–72, zitiert nach: K. Jones, »Religious Identity and the Indian Census«, in: Gerald N. Barrier (Hg.), *The Census in British India. New Perspectives*, New Delhi 1981, S. 73–102, hier: S. 80.

33 Susan Bayly, *Caste, Society and Politics in India from the 18th to the Modern Age*, Cambridge 1999; grundlegend für die Interpretation der

1970er and 1980er Jahre: Louis DuMont, *Homo Hierarchicus: The Caste System and its Implications*, Chicago 1970.

34 Vgl. Barrier, *Census*; Bayly, *Caste*, S. 132.

35 Vgl. William R. Pinch, *Peasants and Monks in British India*, Berkeley 1996; D. N. Dhanagare, *Peasant Movements in India 1920–1950*, Delhi 1986.

36 Vgl. Dietmar Rothermund, *Die politische Willensbildung in Indien*, Wiesbaden 1965.

37 Bayly, *Caste*, S. 237; Amiya P. Sen, *Social and Religious Reform: The Hindus of British India*, New Delhi 2003; Bal Ram Nanda, *Gandhi, Pan-Islamism, Imperialism and Nationalism in India*, Oxford 1989; William Gould, *Hindu Nationalism and the Language of Politics in Late Colonial India*, Cambridge 2004.

38 Rede Stolypins abgedruckt in: Manfred Hagen, *Das Nationalitäten-problem Russlands in den Verhandlungen der III. Duma 1907–1911*, Göttingen 1962, S. 59 ff.

39 Vgl. Stourzh, *Gleichberechtigung*; Geoffrey Hosking, *The Russian Constitutional Experiment. Government and Duma 1907–1914*, Cambridge 1973; Eric Lohr, *Nationalizing the Russian Empire. The campaign against enemy aliens during World War I*, Cambridge 2003.

4. Nationen in Waffen? Die Empires und die Wehrpflicht

1 Vgl. Leonhard, *Bellizismus*; Johannes Kunisch und Herfried Münkler (Hg.), *Die Wiedergeburt des Krieges aus dem Geist der Revolution. Studien zum bellizistischen Diskurs des ausgehenden 18. und beginnenden 19. Jahrhunderts*, Berlin 1999.

2 Carl von Clausewitz, »Vom Kriege. Hinterlassenes Werk des Generals Carl von Clausewitz, Berlin 1832/34«, in: Reinhard Stumpf (Hg.), *Kriegstheorie und Kriegsgeschichte. Carl von Clausewitz und Helmuth von Moltke*, Frankfurt am Main 1993, S. 9–423, hier: S. 240 f.

3 Vgl. Roland G. Foerster (Hg.), *Die Wehrpflicht: Entstehung, Formen und politisch-militärische Wirkung*, München 1994; Ute Frevert (Hg.), *Militär und Gesellschaft im 19. Jahrhundert*, Stuttgart 1997; Daniel Moran und Arthur Waldron (Hg.), *The People in Arms. Military Myth and National Mobilization since the French Revolution*, Cambridge 2003; Jörn Leonhard, »Nation-States and Wars«, in: Timothy Baycroft und Mark Hewitson (Hg.), *What is a Nation? Europe 1789–1914*, Oxford 2006, S. 231–254.

4 Zitiert nach: Ayşe G. Altınay, *The Myth of the Military-Nation. Militarism, Gender, and Education in Turkey*, New York 2004, S. 62; vgl. Jörn Leonhard und Ulrike von Hirschhausen (Hg.), *Multi-Ethnic Em-*

pires and the Military: Conscription in Europe between Integration and Desintegration, 1860–1918, Journal of Modern European History 5 (2007) 2; Kiernan, Empires.

5 Vgl. Bernhard Schmitt, Armee und staatliche Integration: Preußen und die Habsburgermonarchie 1815–1866, Paderborn 2007; Christa Hämmerle, »Ein gescheitertes Experiment? Die Allgemeine Wehrpflicht in der multiethnischen Armee der Habsburgermonarchie«, in: Leonhard/von Hirschhausen, Empires, S. 222–243.

6 Vgl. Bertold Molden, Drängende Fragen. Die Orientkrise und ihre Folgen für Österreich-Ungarn und das Deutsche Reich, von einem österreichischen Politiker, Wien 1913, S. 45; »Das neue Wehrsystem beweist wenigstens Ein's!«, in: Kikeriki. Humoristisches Volksblatt 7 (1867) 3; vgl. Christa Hämmerle, »Die k.(u.)k. Armee als ›Schule des Volkes‹? Zur Geschichte der allgemeinen Wehrpflicht in der multinationalen Habsburgermonarchie (1866–1914/18)«, in: Christian Jansen (Hg.), Der Bürger als Soldat. Die Militarisierung europäischer Gesellschaften im langen 19. Jahrhundert: ein internationaler Vergleich, Essen 2004, S. 175–213, hier: S. 180 ff. und 211.

7 Vgl. Hämmerle, »Armee«, S. 181 f.; Johann Christoph Allmayer-Beck, »Die bewaffnete Macht in Staat und Gesellschaft«, in: Adam Wandruszka und Peter Urbanitsch (Hg.), Die Habsburgermonarchie 1848–1948, Bd. 5: Die bewaffnete Macht, Wien 1987, S. 5–141, hier: S. 98.

8 Vgl. Laurence Cole, «Military Veterans and Popular Patriotism in Imperial Austria, 1870–1914«, in: ders. und Daniel L. Unowsky (Hg.), The Limits of Loyalty. Imperial Symbolism, Popular Allegiances, and State Patriotism in the Late Habsburg Monarchy, London 2007, S. 36–61; Hämmerle, »Armee«, S. 183 ff.; Tibor Papp, »Die königlich ungarische Landwehr (Honvéd) 1868 bis 1914«, in: Wandruszka/Urbanitsch, Macht, S. 634–686.

9 Neue Freie Presse, 25.10.1868, zitiert nach: Elfriede Jandesek, Die Stellung des Abgeordnetenhauses der im Reichsrate vertretenen Königreiche und Länder zu Fragen des Militärs 1867–1914, Wien 1964, S. 14; vgl. Hämmerle, »Armee«, S. 187.

10 Vgl. »Allgemeine Volksbewaffnung«, in: Kikeriki. Humoristisches Volksblatt 7 (1867) 27; Hermann Ritter von Orges, »Die volkswirthschaftliche Bedeutung der Allgemeinen Wehrpflicht«, in: Österreichische Militärische Zeitschrift 9 (1868) 4, S. 292–314, hier: S. 314; vgl. Hämmerle, »Armee«, S. 177, 192 und 196 f.

11 Vgl. Istvan Déak, Der K.(u.)K. Offizier 1848–1918, Wien 1991, S. 218–224; vgl. Hämmerle, »Armee«, S. 181, 201 ff. und 212 f.

12 General Fadejew über Russlands Kriegsmacht und Kriegspolitik, Leipzig 1870; vgl. Joshua A. Sanborn, Drafting the Russian Nation. Military

Conscription, Total War and Mass Politics 1905–1925, DeKalb 2005; John Bushnell, »The Revolution of 1905 in the Army«, in: *Russian History* 12 (1985), S. 71–94; Mark von Hagen, »The Levée en masse from Russian Empire to Soviet Union 1874–1938«, in: Moran/Waldron, *People*, S. 159–188.

13 Beide Zitate in: *Die Allgemeine Wehrpflicht in Russland, enthaltend: Allerhöchstes Rescript, Manifest S. M. des Kaisers, Edikt an den Senat, Gesetz über die Wehrpflicht, Regeln für die Anschreibung, alphabetisches Sachregister*, Dorpat 1874, S. 4 f.; vgl. Werner Benecke, »Die Allgemeine Wehrpflicht in Russland: Zwischen militärischem Anspruch und zivilen Interessen«, in: Leonhard/von Hirschhausen, *Empires*, S. 244–263, hier: S. 248 f.

14 Albert von Drygalski, *Die Organisation der Russischen Armee in ihrer Eigenart und unter Vergleich mit den Streitkräften Frankreichs, Österreich-Ungarns, Italiens und Deutschlands*, Leipzig 1902, S. 42; *Die Allgemeine Wehrpflicht in Russland*, S. 4; vgl. Benecke, »Wehrpflicht«, S. 249 und 252.

15 Vgl. Dietrich Beyrau, *Militär und Gesellschaft im vorrevolutionären Russland*, Köln 1984; Benecke, »Wehrpflicht«, S. 252 f.

16 Vgl. Simon Dubnow, *History of the Jews in Russia and Poland. From the Earliest Times until the Present Day*, 3 Bde., ND. Philadelphia 1946.

17 Vgl. Werner Benecke, *Militär, Reform und Gesellschaft im Russischen Reich. Die Geschichte der Allgemeinen Wehrpflicht 1874–1914*, Paderborn 2006, S. 60 ff.; ders., »Wehrpflicht«, S. 258–262.

18 Vgl. Erik Jan Zürcher, »The Ottoman Conscription System, 1844–1914«, in: *International Review of Social History* 43 (1998), S. 437–449; Tobias Heinzelmann, *Heiliger Kampf oder Landesverteidigung? Die Diskussion um die Einführung der allgemeinen Militärpflicht im Osmanischen Reich 1826–1856*, Frankfurt am Main 2004; Mehmet Hacısalihoğlu, »Conscription«, S. 264–286.

19 Helmuth von Moltke, Brief vom 5.4.1839, in: ders., *Briefe über Zustände und Begebenheiten in der Türkei*, S. 374 f.; vgl. Heinzelmann, *Kampf*, 286 und Hacısalihoğlu, »Conscription«, S. 266 f.

20 Vgl. Heinzelmann, *Kampf*, S. 294; Hacısalihoğlu, »Conscription«, S. 269 f.

21 Vgl. Heinzelmann, *Kampf*, 330 ff.; Bruce Masters, »The 1850 Events in Aleppo: An Aftershock of Syria's Incorporation into the Capitalist World System«, in: *International Journal of Middle East Studies* 22 (1990) 1, S. 3–20.

22 Vgl. Heinzelmann, *Kampf*, 333–337; ders., »Die Konstruktion eines osmanischen Patriotismus und die Entwicklung des Begriffs ›Vatan‹ in der ersten Hälfte des 19. Jahrhunderts«, in: Hans-Lukas Kieser (Hg.),

Aspects of the Political Language in Turkey (19th-20th centuries),
Istanbul 2002, S. 41 – 51; Hacısalihoğlu, »Conscription«, S. 272 ff.

23 Vgl. Zürcher, »System«, S. 446; Heinzelmann, *Kampf*, S. 347; Hacısalihoğlu, »Conscription«, S. 275.

24 Vgl. Jehuda L. Wallach, *Anatomie einer Militärhilfe. Die preussisch-
deutschen Militärmissionen in der Türkei 1835 – 1919*, Düsseldorf 1976;
Nikki R. Keddie, »Pan-Islam as Proto-Nationalism«, in: *Journal of
Modern History* 41 (1969), S. 3 – 26; Engin D. Akarlı, »Abdulhamid II's
Attempts to Integrate Arabs into the Ottoman System«, in: David
Kushner (Hg.), *Palestine in the Late Ottoman Period*, Leiden 1986,
S. 74 – 89.

25 Rede Enver Beys, zitiert nach: Hacısalihoğlu, »Conscription«, S. 277;
vgl. Masami Arai, »An Imagined Nation: The Idea of the Ottoman
Nation as a Key to Modern Ottoman History«, in: *Oriens* 27 (1991),
S. 1 – 11; Mehmet Hacısalihoğlu, *Die Jungtürken und die Mazedonische
Frage (1890 – 1918)*, München 2003, S. 83 – 87 und 320 – 335.

26 Parlamentssitzungen vom 13. Juni 1325 (1909) und 18. Juni 1325
(1909); vgl. Hacısalihoğlu, »Conscription«, S. 280 f.

27 Vgl. Leo Trotzki, *Die Balkankriege 1912 – 13*, Essen 1996, S. 221; vgl.
Handan N. Akmeşe, *The Birth of Modern Turkey. The Ottoman Military
and the March to World War I*, London 2005, S. 125; Donald Quataert,
»The Massacres of Ottoman Armenians and the Writing of Ottoman
History«, in: *Journal of Interdisciplinary History* 37 (2006) 2,
S. 249 – 259; Fikret Adanır, »Zum Geschichtsbild der nationalen Er-
ziehung in der Türkei«, in: *Internationale Schulbuchforschung* 10
(1998), S. 7 – 40; Hacısalihoğlu, »Conscription«, S. 282 ff.

28 Vgl. Jörn Leonhard, »Nations in Arms and Imperial Defence – Conti-
nental Models, the British Empire and its Military before 1914«, in:
Leonhard/von Hirschhausen, *Empires*, S. 287 – 308.

29 Vgl. Hew Strachan, »Militär, Empire und Civil Society: Großbritannien
im 19. Jahrhundert«, in: Frevert, *Militär*, S. 78 – 93; Ralph J. Q. Adams
und Philipp P. Poirier, *The Conscription Controversy in Great Britain
1900 – 18*, Basingstoke, 1987, S. 16 ff.; Ian F. W. Beckett, *The Amateur
Military Tradition 1558 – 1945*, Manchester 1991.

30 Vgl. Charles E. Callwell, *Small Wars: A Tactical Textbook for Imperial
Soldiers*, London 1896, ND. Novato/Ca. 1990.

31 Vgl. Thomas Bartlett, »The Irish Soldier in India, 1750 – 1947«, in:
Denis und Michael Holmes (Hg.), *Ireland and India: Connections,
Comparisons, Contrasts*, Dublin 1997, S. 12 – 17; Kevin Kenny, »The
Irish in the Empire«, in: ders. (Hg.), *Ireland and the British Empire*,
Oxford 2004, S. 90 – 122, hier: S. 104 f.; Strachan, »Militär«, S. 86.

32 Vgl. Glenn R. Wilkinson, *Depictions & Images of War in Edwardian
Newspapers*, 1899 – 1914, Aldershot 2003; Christoph Jahr, »British

Prussianism. Überlegungen zu einem europäischen Militarismus im 19. und frühen 20. Jahrhundert«, in: *Jahrbuch für Historische Friedensforschung* 8 (1999), S. 295–309; vgl. Jan Rüger, »Nation, Empire, and Navy: Identity Politics in the United Kingdom 1887–1914«, in: *Past & Present* 185 (2004), S. 159–188.

33 Vgl. John E. E. Dalberg, Baron Acton, *The War 1870: A Lecture Delivered at the Bridgnorth Literary and Scientific Institution on the 25th of April 1871*, London 1871, S. 41; James Ram, *The Philosophy of War*, London 1878, S. 72 und 75.

34 Vgl. James C. Dalton und William H. Goodenough, *The Army Book for the British Empire. A Record of the Development and present Composition of the military Forces and their Duties in Peace and War*, London 1893, S. VI und 88 f.

35 Vgl. C. Saunders und I. R. Smith, »Southern Africa, 1795–1914«, in: A. Porter und A. Low (Hg.), *The Oxford History of the British Empire*, Bd. 3: *The Nineteenth Century*, Oxford 1999, S. 597–623, hier: S. 618 f.

36 Vgl. John A. Hobson, *Imperialism – A Study*, London 1902.

37 Charles Ross, *Representative Government and War*, London 1903, S. 7, 11 und 162 f.

38 Ebd., S. 221 f., 292, 362 f. und 365.

39 Vgl. Kenny, »Empire«, S. 92 f. und 108 f.; Michael Holmes, »The Irish in India: Imperialism, Nationalism and Internationalism«, in: Andrew Bielenberg (Hg.), *The Irish Diaspora*, London 2000, S. 235; Keith Jeffrey, *Ireland and the Great War*, Cambridge 2000, S. 39 und 107–143; Ian F. W. Beckett (Hg.), *The Army and the Curragh Incident 1914*, London 1986.

40 Helmuth von Moltke, Rede im Reichstag, 14.5.1890, in: Stumpf, *Kriegstheorie*, S. 504–507, hier: S. 504 f.

5. Zusammenfassung und Ausblick: Nationalisierende Empires, imperialisierende Nationalstaaten?

1 Zitiert nach: Tom Bottomore und Patrick Goode (Hg.), *Austro-Marxism*, Oxford 1978, S. 31; vgl. Mazower, *Kontinent*, S. 76.

2 Vgl. Jörn Leonhard und Ulrike von Hirschhausen, »›New Imperialism‹ oder ›Liberal Empire‹? Niall Fergusons Empire-Apologetik im Zeichen der ›Anglobalization‹, in: *Zeithistorische Forschungen / Studies in Contemporary History* 3 (2006), S. 121–128.

Dank

Die Autoren danken der Gerda Henkel Stiftung in Düsseldorf sehr herzlich für die großzügige finanzielle Förderung des Forschungsprojekts *Empires. Chancen und Krisen multiethnischer Großreiche: Großbritannien, Habsburg, Russland und Osmanisches Reich im 19. und 20. Jahrhundert* seit 2006, aus dem eine größere Monographie hervorgehen wird. Ebenso sind wir der School of History des Freiburg Institute of Advanced Studies (FRIAS) und dem Historischen Seminar der Universität Hamburg zur Dank verpflichtet. In Transkriptionsfragen haben uns Maurus Reinkowski, Julia Obertreis und Maria Martens beraten; Philipp Spalek stand uns in technischen Fragen, Christopher Volle rund um die Uhr zur Verfügung. Für Anregungen, Kritik und professionelle Redaktion danken wir vor allem Jörg Später.

Bildnachweis

S. 7: www.sio.midco.net/dansmapsstamps/christmas.htm, Abruf vom 5.8.2009.

S. 17: Russische Nationalbibliothek, St. Petersburg, aus: Ralf Beil (Hg.), *Russland 1900. Kunst und Kultur im Reich des letzten Zaren*, Köln 2008, S. 46.

S. 51: Anzeigezettel (Ausschnitt). Zählung der Bevölkerung und der wichtigsten häuslichen Nutztiere nach dem Stande vom 31. Dezember 1910, Allgemeines Österreichisches Verwaltungsarchiv Wien.

S. 77: Cartoon »My Boys« (1914), Punch Publications, aus: P. J. Marshall (Hg.), *The Cambridge Illustrated History of the British Empire*, Cambridge 1996, S. 77.